京日青結成四十周年記念

撰時抄ノート

関戸堯海＝監修
京都日蓮宗青年会＝編

東方出版

夫佛法を学せん法は必先時をならうべし

はじめに

平成十四年は、日蓮聖人立教開宗七百五十年の御正当を迎えるとともに、京都日蓮宗青年会結成四十周年の節目の年であります。この度、記念事業の一環として『撰時抄ノート』を発刊させて頂きました。

記念事業を検討するにあたり『諸法実相鈔』の一節、「行学の二道をはげみ候べし」との祖訓を拝し、会議に会議を重ねました。

検討の結果、「行」におきましては、日蓮聖人関西遊学後の故郷への帰路を追体験する、比叡山横川定光院より千葉清澄寺へと至る「清澄行脚」。「学」におきましてはこの『御遺文ノート』を発刊することに決定いたしました。

『御遺文ノート』を発刊するにあたり、青年会諸先輩の事業を振り返りますと、全国日蓮宗青年会より『開目抄ノート』『観心本尊抄ノート』、京都日蓮宗青年会より『御真筆対照　立正安國論』が発刊されています。

この度は『撰時抄』の序文「夫れ仏法を学せん法は、必ず先ず時をならうべし」より、日頃の勉学の不足を省み、発刊に寄せて襟を正すを目標に、また激動の時代を鑑み、「時」への道標を得るべく『撰時抄ノート』を発刊させて頂きました。

なにぶん浅学非才な青年僧が制作いたしましたので、日蓮聖人の真意を誤解していないか恐懼しております。また我々の努力足らざる点を見つけられた方は、御容赦頂けますとともに、誤字脱字などがございましたら、後学のため是非御一報下さい。

最後に、この『撰時抄ノート』が、皆さまの修学の一助になれば幸いと存じ上げます。

京都日蓮宗青年会　結成四十周年記念事業

実行委員長　鈴木英文

目次

撰時抄ノート

凡　例

一、本書は『撰時抄』習学用テキストを前提に、読み易さと書き込み易さを重点におき構成を行った。

一、原文は『昭和定本日蓮聖人遺文』を底本とし『平成新修日蓮聖人遺文集』『日蓮聖人御遺文講義』『日蓮聖人全集』を参考とした。

・改行、句読点を適宜加えた。

・『法華経』などの経文、『法華玄義』などの漢文は書き下しにした。

・仮名遣いは底本に忠実なることを心がけた。

・読み易くするため、平仮名で書かれた文言に当てはまる漢字を、（　）内に適宜入れた。

一、本文上段の余白には、原文上、日蓮聖人が参考に挙げられた、経文、注釈書などの出典を適宜記載した。

・『法華経』の出典については、三木随法編『平成訓読法華三部経』をもとに、品数、行数を記載した。㈠㈡㈢は『無量義経』。①②③～㉗㉘は『法華経』の各品を意味する。「-」の下の数字は行数を意味する。

例　⑦-10　化城喩品第七　十行目

一、本文中、重要と思われる語句については、数字を振り下段余白に解説を記載した。

・多出の語句については、初出の章に解説を記載し、次章からは番号の記載のみにとどめた。

例　2-32　2章の32番目に解説を記載

一、本文中、重要と思われる人物については、「＊」を振り、ノート後部「年表」に適宜記載した。

・多出の人物の場合、各章の初出のみ「＊」を振った。

一、御真跡は「法花経」「花厳経」など「花」とされているが、「華」に改めた。

『撰時抄』解題

関戸堯海

『撰時抄』は建治元年（一二七五）六月の日蓮聖人五十四歳の著述で、真蹟一一〇紙のうち一〇七紙が三島市玉沢妙法華寺蔵、一紙数行が京都立本寺ほか三カ寺に現存する重要文化財である。また題号下には「釈子日蓮述」とあって、インドから中国を経て日本へと伝えられた仏教の歴史の中で、三国の仏教の諸師を超えて、釈尊のみ心に直参するという日蓮聖人の信仰の純粋性が表明されている。

文永十一年（一二七四）に蒙古が襲来し、日蓮聖人が『立正安国論』において警告した「他国侵逼難（外国からの侵略の難）」が眼前の事実となった。こうした危機的状況にあって『法華経』こそ日本国の衆生を救う法であり、「法華経の行者」が出現して末法の導師として衆生を導くであろうことが明かされる。

佐渡流罪を赦免され、鎌倉で幕府要人との会見を終えた日蓮聖人は、身延に入山する。その年に文永の役が起こっているが、この後、約一年の歳月を費やし、『撰時抄』が書き上げられるにいたった。

『撰時抄』の冒頭には「それ仏法を学せん法は必ず先ず時をならうべし（定一〇〇三頁）」とあり、仏法を学び修行しようとする者は、必ず時を知らなければならないと述べられる。すなわち釈尊滅後のインド・中国・日本における三時（正法・像法・末法）にわたる仏教流伝の歴史を述べ、「未来記」についても詳説して、末法こそ『法華経』が広く流布する時代であることを明らかにする。

そして、空海・円仁・円珍・安然・源信・法然らを師子身中の虫と述べ、浄土宗・禅宗に批判を加え、とくに真言宗を厳しく非難している。

佐渡流罪という身命にもおよぶ大法難を乗り越えた日蓮聖人は、「法華経の行者」としての自覚を深め、上行菩薩の再誕たることを佐渡での著述『開目抄』『観心本尊抄』に表明するが、さらに『立正安国論』で警告した二難（自界叛逆難・他国侵逼難）、ことには外国からの侵略が蒙古の九州への攻撃という形で現実化したのをうけて、日蓮聖人の「法華経の行者」としての自覚はいよいよ深まった。

法難を乗り越え、蒙古襲来を眼前にした日蓮聖人は、『法華経』の「未来記」『大集経』の「末法思想」を現実に体験し、「時」の認識を新たにして、南無妙法蓮華経のお題目こそ末法の衆生を救うべき法であることを明かにするために『撰時抄』を執筆したのである。

本書は京都日蓮宗青年会の精魂込めた努力作であるが、若さ故の発展途上の見解も多く提示されている。関係各位のさらなるご指導を賜れば幸いである。

渡辺宝陽・小松邦彰編『日蓮聖人全集』第一巻（宗義1）　庵谷行亨『日蓮聖人教学研究』　北川前肇『日蓮教学研究』等を参照。

撰時抄ノート

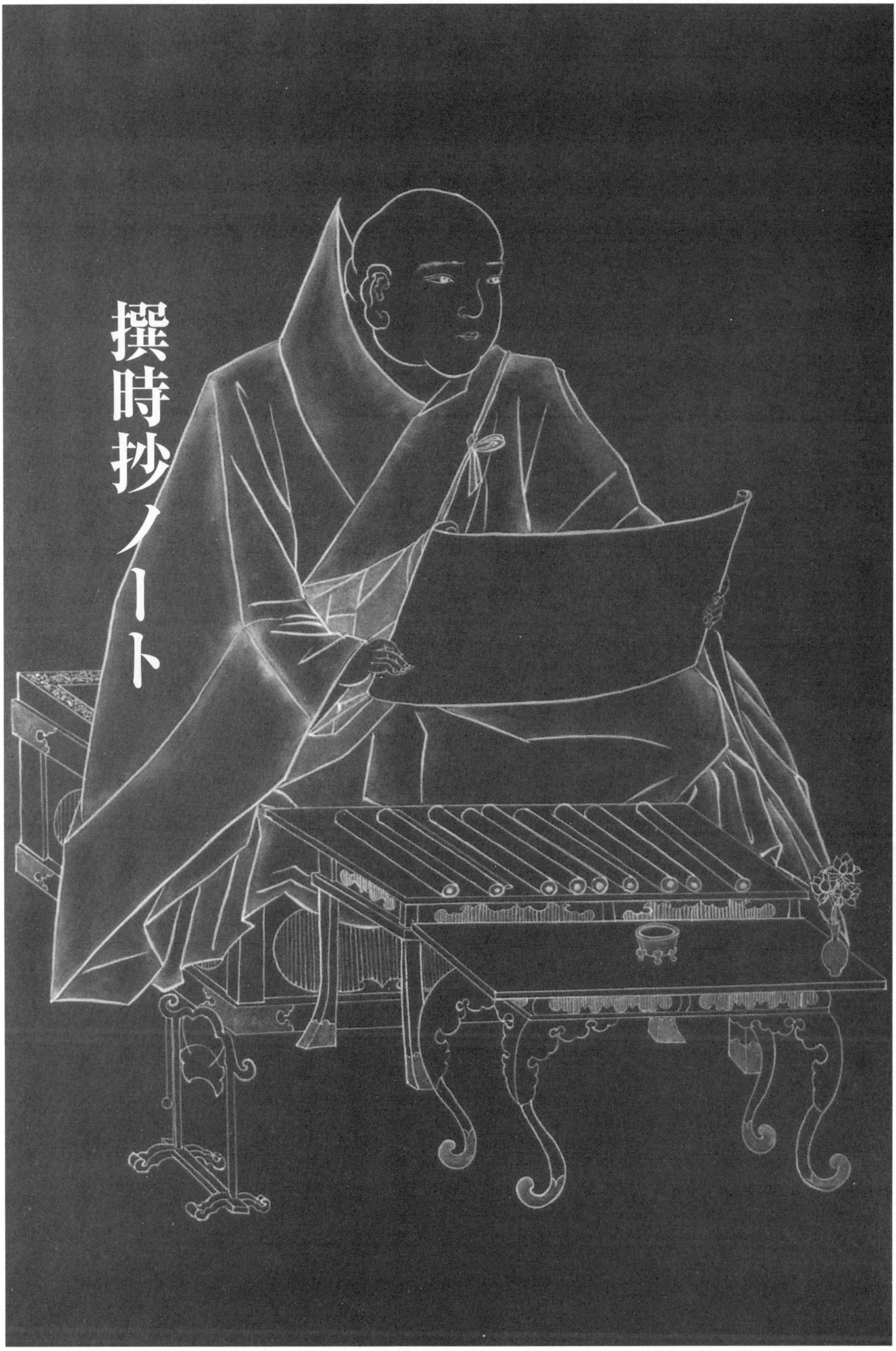

遺一八ノ五。
縮一八九。

⑦—10
⑦—18
⑦—100
㈡—30
②—61

撰時抄　上下

釈子　日蓮　述

夫《そ》れ佛法《ぶっぽう》を学《がく》せん法《ほう》は、必《かなら》ず先《ま》づ時《とき》をならうべし。過去《かこ》の大通智勝佛《だいつうちしょうぶつ》は出世《しゅっせ》し給《たま》ひて、十小劫《じっしょうこう》が間《あいだ》、一経《いっきょう》も説《と》き給《たま》はず。経《きょう》に云《いわ》く「一坐十小劫《いちざじっしょうこう》」。又云《またいわ》く、「佛《ほとけ》、時《とき》の未《いま》だ至《いた》らざるを知《し》ろしめし、請《しょう》を受《う》くるとも黙然《もくねん》として座《ざ》す」等云云《とううんぬん》。今《いま》の教主釈尊《きょうしゅしゃくそん》は、四十余年の程《ほど》法華経《ほけきょう》を説《と》き給《たま》はず。経《きょう》に云《いわ》く「説時未至故《せつじみしこ》」と云云《うんぬん》。

老子《ろうし》は母《はは》の胎《たい》に処《しょ》して八十年。弥勒菩薩《みろくぼさつ》は兜率《とそつ》の内院《ないいん》[1]に篭《こも》らせ給《たま》ひて五十六億七千万歳をまち給《たま》うべし。彼時鳥《かのほととぎす》は春《はる》をくり、鶏鳥《にわとり》は暁《あかつき》をまつ。畜生《ちくしょう》すらなをかくのごと

建治元年。五十四歳。於身延山著。
真蹟　一〇七紙。玉沢妙法華寺。
一紙数行。京都立本寺ほか三寺に現存。

本文　上巻

第一章　仏法と時

第一節　時を糾す

1　**兜率の内院**　兜率天は欲界六天の第四位。この天界には内院と外院があり、内院には弥勒菩薩が住し、外院は天衆の欲楽するところである。

し。何《いか》に況《いわん》や佛法《ぶっぽう》を修行《しゅぎょう》せんに時《とき》を糾《ただ》さざるべしや。

寂滅道場《じゃくめつどうじょう》[2]の砌《みぎり》には十方《じっぽう》の諸佛《しょぶつ》示現《じげん》し、一切《いっさい》の大菩薩《だいぼさつ》集会《しゅうえ》し給《たま》ひ、梵《ぼん》・帝《たい》・四天《してん》は衣《ころも》をひるがへし、龍神《りゅうじん》・八部《はちぶ》は掌《たなごころ》を合《あわ》せ、凡夫大根性《ぼんぶだいこんじょう》の者《もの》は耳《みみ》をそばだて、生身得忍《しょうしんとくにん》[3]の諸菩薩《しょぼさつ》・解脱月等《げだつがっとう》、請《しょう》をなし給《たま》ひしかども、世尊《せそん》は二乗《にじょう》作佛《さぶつ》・久遠実成《くおんじつじょう》をば名字《みょうじ》をかく(秘)し、即身成佛《そくしんじょうぶつ》・一念《いちねん》三千《さんぜん》の肝心《かんじん》、其義《そのぎ》を宣給《のべたま》はず。此等《これら》は偏《ひとえ》にこれ機《き》は有《あ》りしかども、時《とき》の来《きた》らざればのべ(述)させ給《たま》はず。経《きょう》に云《いわ》く、
②−61 「説時《せつじ》未《いま》だ至《いた》らざるが故《ゆえ》に」等云云《とううんぬん》。

霊山会上《りょうぜんえじょう》の砌《みぎり》には、閻浮第一《えんぶだいいち》の不孝《ふこう》の人《ひと》たりし阿闍世《あじゃせ》
⑫−11 大王《だいおう》*座《ざ》につらなり、一代謗法《いちだいほうぼう》の提婆達多《だいばだった》*には天王如来《てんのうにょらい》と
⑫−37 名《な》をさづけ、五障《ごしょう》の龍女《りゅうにょ》は蛇身《じゃしん》をあらためずして佛《ほとけ》にな
⑮−46 る。決定性《けつじょうしょう》[4]の成佛《じょうぶつ》は焦種《いれるたね》の花《はな》さき果《み》なり、久遠実成《くおんじつじょう》は

2 **寂滅道場**　お釈迦様がブッダガヤでご修行をお積みになり、悟りを開かれたその場所をいう。

3 **生身得忍**　現実の身に無生法忍を体得すること。無生法忍とは空であり、実相であるという真理を認め、安住すること。一切のものが不生不滅であると認めること。

4 **決定性**　決定している本性。二乗をさし、成仏しないことが決定している。

百歳の叟《おきな》二十五の子《こ》となれるかとうたがふ(疑)。一念三千《いちねんさんぜん》は九界即佛界《くかいそくぶっかい》、佛界即九界《ぶっかいそくくかい》と談《だん》ず。されば此経《このきょう》の一字《いちじ》は如《にょ》意宝珠《いほうじゅ》5なり。一句《いっく》は諸佛《しょぶつ》の種子《しゅうじ》となる。此等《これら》は、機《き》の熟《じゅく》・不熟《ふじゅく》はさてをきぬ、時《とき》の至《いた》れるゆへなり。経《きょう》に云《いわ》く、

②—61 「今正《いままさ》しく是《こ》れ其《そ》の時《とき》なり、決定《けつじょう》して大乗《だいじょう》を説《と》く」等云云《とううんぬん》。

問《と》ふて云《いわ》く、機《き》にあらざるに大法《だいほう》を授《さず》けられれば、愚人《ぐにん》は定《さだ》めて誹謗《ひぼう》をなして悪道《あくどう》に堕《おち》るならば、豈《あ》に説《と》く者の罪《つみ》にあらずや。

答《こた》へて云《いわ》く、人路《ひとみち》をつくる。路《みち》に迷《まよ》ふ者あり。作《つく》る者の罪《つみ》となるべしや。良医《ろうい》、薬《くすり》を病人《びょうにん》にあたう。病人嫌《びょうにんきら》ひて服《ふく》せずして死《し》せば、良医《ろうい》の失《とが》となるか。

尋《たずね》て云《いわ》く、『法華経《ほけきょう》』の第二《だいに》に云《いわ》く、

③—134 「無智《むち》の人の中《なか》にして、此経《このきょう》を説《と》くこと莫《なか》れ」

5　**如意宝珠**　意のままに宝を出すといわれる珠。願望成就の宝珠。

第二節　経と機と時の関係

同第四《どうだいし》に云《いわ》く、

⑩―19 「分布《ぶんぷ》[6]して妄《みだ》りに人《ひと》に授与《じゅよ》すべからず」

同第五《どうだいご》に云《いわ》く、

⑭―66 「此《こ》の『法華経《ほけきょう》』は諸佛如来《しょぶつにょらい》の秘密《ひみつ》の蔵《ぞう》なり。諸経《しょきょう》の中《なか》に於《おい》て最《もっと》も其《そ》の上《かみ》に在《あ》り。長夜《じょうや》に守護《しゅご》して妄《みだ》りに宣説《せんぜつ》せざれ」

等云云《とううんぬん》。

此等《これら》の経文《きょうもん》は機《き》にあらずば説《と》かざれというか、いかん。

今反詰《いまはんきつ》して云《いわ》く、不軽品《ふきょうぼん》に云《いわ》く、

⑳―7 「而《しか》も是《こ》の言《ことば》を作《な》さく、我《わ》れ深《ふか》く汝等《なんだち》を敬《うやま》う」等云云《とううんぬん》。

⑳―9 「四衆《ししゅ》の中《なか》に瞋恚《しんに》を生《しょう》じて、心不浄《こころふじょう》なる者あり。悪口罵詈《あっくめり》して言《いわ》く、是《こ》の無智《むち》の比丘《びく》」

又云《またいわ》く、

⑳―10 「衆人或《しゅにんあるい》は杖木瓦石《じょうもくがしゃく》を以《もっ》て之《これ》を打擲《ちょうちゃく》す」等云云《とううんぬん》。

---

6 **分布** 分け与えること。

⑬—18

法華文句

涅槃経疏

勧持品《かんじほん》に云《いわ》く、

「諸《もろもろ》の無智《むち》の人《ひと》、悪口罵詈《あっくめり》等《とう》し、及《およ》び刀杖《とうじょう》を加《くわ》うる者《もの》あらん」等云云《とううんぬん》。

此等《これら》の経文《きょうもん》は悪口罵詈《あっくめり》乃至《ないし》打擲《ちょうちゃく》すれどもと、とかれ(説)て候《そうろう》は説《と》く人の失《とが》となりけるか。

求《もと》めて云《いわ》く、此《こ》の両説《りょうせつ》は水火《すいか》なり。いかんが心《こころ》うべき。

答《こた》へて云《いわ》く。天台《てんだい》*云《いわ》く、

「時《とき》に適《かな》うのみ」

章安《しょうあん》*云《いわ》く、

「取捨宜《しゅしゃよろ》しきを得《え》て一向《いっこう》にすべからず」等云云《とううんぬん》。

釈《しゃく》の心《こころ》は、或時《あるとき》は謗《ほう》じぬべきには、しばらくとかず。或時《あるとき》は謗《ほう》ずとも強《し》ひて説《と》くべし。或時《あるとき》は一機《いっき》は信《しん》ずべくとも万機《ばんき》謗《ほう》ずるべくばとくべからず。或時《あるとき》は万機《ばんき》一同《いちどう》に謗《ほう》ずとも強《し》ひて説《と》くべし。
初成道《しょじょうどう》の時《とき》は法恵《ほうえ》・功徳林《くどくりん》・金剛幢《こんごうどう》・金剛蔵《こんごうぞう》・文殊《もんじゅ》・普賢《ふげん》・弥勒《みろく》・解脱月《げだつがっとう》等の大菩薩《だいぼさつ》・梵《ぼん》・帝《たい》・四天《してんとう》等の凡夫大根性《ぼんぶだいこんじょう》の者かずをしらず。鹿野苑《ろくやおん》[7]の苑《その》には俱鄰《くりん》*等《とう》の五人、迦葉《かしょう》*等《とう》の二百五十人、舎利弗《しゃりほつ》*等《とう》の二百五十人、八万の諸天《しょてん》。方等《ほうどう》大会《だいえ》の儀式《ぎしき》には、世尊《せそん》の慈父《じふ》の浄飯大王《じょうぼんだいおう》*、ねんごろに恋《こい》せさせ給《たま》ひしかば、佛《ほとけ》、宮《みや》に入《い》らせ給《たま》ひて、『観佛三昧経《かんぶつさんまいきょう》』をとかせ(説)給《たま》ひ、悲母《ひも》の御《おん》ために忉利天《とうりてん》[8]に九十日が間《あいだ》、籠《こも》らせ給《たま》ひしには『摩耶経《まやきょう》』をとかせ(説)給《たま》ふ。慈父《じふ》、悲母《ひも》なんどにはいかなる秘法《ひほう》か惜《おし》ませ給《たま》ふべき。なれども『法華《ほけ》経《きょう》』をば説《と》かせ給《たま》はず。せん(詮)ずるところ機《き》にはよらず、時《とき》いたらざればいかにもとかせ(説)給《たま》はぬにや。

---

7 **鹿野苑** 中インド、ベナレスの郊外サールナート。釈尊が初めて説法した地。

8 **忉利天** 欲界六天の下位より第二。三十三天ともいい、帝釈天が常住する須弥山の頂上にある。須弥山を頂上に、四方に峰がある。各峰に八天あり、合計で三十三天という。

コラム１　諸経概略

時の流れが激しく、多忙な日々を送る現代の僧侶には、一切経をひもとく機会はなかなかありません。しかし、日蓮聖人の引用された経典を知っておく必要はあると感じ、『撰時抄』において引用される経典の概略をここに掲載しました。

日蓮聖人は御遺文において、『法華経』だけではなく、多数の経典を引用されています。日蓮聖人にたいする批判のさいに「『法華経』以外の経典をないがしろにしながら、御遺文において多数の経典が引用される」という意見があります。

『法華経』が最上であることは疑いありません。しかし、『法華経』を理解するために諸経を読む。また『法華経』があるからこそ、諸経が新たに息づくということもあると思います。

日蓮聖人は『立正安國論』著作にさいし、岩本の実相寺において、一切経を再読されたと伝えられます。『法華経』を弘めるため、人々に理解してもらうためには、諸経の引用が必要であったともいえるでしょう。

・『撰時抄』において、訳経の年代について述べられていましたので、掲載順は訳者の年代順としました。

撰時抄ノート通読の際に、往見されますようお願いします。

・中国の仏典翻訳史において、唐代の玄奘およびそれ以降を新訳《しんやく》といい、それ以前の訳経を旧訳《くやく》と呼ぶ。

旧訳　くやく

三世紀頃

・康僧鎧《こうそうがい》

仏説無量寿経　ぶっせつむりょうじゅきょう

西暦二五〇年頃に訳出される。意訳は多数あるが、康僧鎧《こうそうがい》訳を正本とする。四十八願が説かれ、極楽往生、称名念仏、他力救済を説かれている。浄土三部経のひとつ。

双観経　そうかんぎょう

『大経《だいきょう》』ともいい『無量寿経《むりょうじゅきょう》』のこと。

四世紀末期

・鳩摩羅什《くまらじゅう》

思益経　しやくきょう

『思益梵天問経《しやくぼんでんもんぎょう》』ともいう。釈尊と梵天などとの問答を通じ、諸法は空であることを説く。

仁王経　にんのうぎょう

『仏説仁王般若波羅蜜多経《ぶっせつにんのうはんにゃはらみったきょう》』ともいう。末法において国に七難が起こるとき、国王が三宝を受持すれば、仏が五人の菩薩を遣わし国を護ると説かれることから、護国の経とされている。

仏説阿弥陀経　ぶっせつあみだきょう

西暦四〇二年に訳出。釈尊が舎利弗に、阿弥陀仏の功徳と極楽の荘厳を説く。また極楽往生のための、称名念仏も説かれている。浄土三部経の一つ。

梵綱経　ぼんもうきょう

古来より鳩摩羅什《くまらじゅう》の最後の訳経といわれているが、現在は偽撰とされている。しかしながら、菩薩戒を説かれたもので、大乗の戒を学ぶ上で大切な経典である。

維摩経　ゆいまぎょう

初期大乗経典の代表作の一つ。『維摩詰所説経《ゆいまきつしょせつきょう》』ともいう。鳩摩羅什《くまらじゅう》・支謙《しけん》・玄奘《げんじょう》訳が残っている。在家の主人公維摩居士が大乗思想の核心を説きつつ、出家の仏弟子や菩薩たちを次々と論破していくさまが描かれている。

浄名経　じょうみょうきょう

『維摩詰経《ゆいまきつきょう》』のこと。

他、法華三部経、大品般若経、小品般若経など。

五世紀初期

・仏陀跋陀羅《ぶつだばつたら》

観仏三昧経　かんぶつさんまいきょう

正式には『仏説観仏三昧海経《ぶっせつかんぶつさんまいかいきょう》』という。仏を観じ、仏を念ずるにはどうすべきかが説かれ、さらにその功徳が説かれている。

華厳経　けごんきょう

四二〇年頃訳出。六十巻本。詳しくは後出。

・曇無讖《どんむしん》

涅槃経　ねはんぎょう

『大般涅槃経《だいはつねはんぎょう》』ともいい、訳は種々あるが西暦四〇四年、曇無讖《どんむしん》が訳したものが流布している。釈尊臨終の時の説法とされ、「如来常住《にょらいじょうじゅう》、悉有仏性《しつうぶっしょう》」を説く。『法華経《ほけきょう》』と同じく醍醐味《だいごみ》とされ、『法華経《ほけきょう》』の流通分《るつうぶん》とされる。

五世紀中期

・畺良耶舎《びらやしゃ》

仏説観無量寿経　ぶっせつかんむりょうじゅきょう

西暦四四〇年頃に訳出。釈尊が韋提希《いだいけ》夫人に、極楽往生のために観仏の法を授ける。浄土三部経の一つ。

観経　かんぎょう

『観無量寿経《かんむりょうじゅきょう》』のこと。

・求那跋陀羅《ぐなばつたら》

勝鬘経　しょうまんぎょう

詳しくは『勝鬘獅子吼一乗大方便方広経《しょうまんししくいちじょうだいほうべんほうこうきょう》』という。西暦四三六年の求那跋陀羅《ぐなばつだら》訳と、唐の菩提流志《ぼだいるし》の訳が現存している。勝鬘《しょうまん》夫人が釈尊の受記により、一乗真実を獅子吼《ししく》し、多くの人々を教化することが説かれる。女人の信仰と情熱が示されている。

・法顕《ほっけん》

般泥洹経　はつないおんぎょう

『涅槃経《ねはんぎょう》』の法顕《ほっけん》訳。曇無讖《どんむしん》訳四十巻本の前半十巻に相当する。

五世紀後半

・釈曇景《しゃくどんけい》

摩耶経　まやきょう

正式には『摩訶摩耶経《まかまやきょう》』という。仏母摩耶《まや》夫人への説法と、仏滅後の未来記を説く。

六世紀初期

・僧就《そうしゅう》

大集経　だいじっきょう

『大方等大集経《だいほうどうだいじっきょう》』という。曇無讖《どんむしん》、那連提耶舎《なれんだいやしゃ》などの諸師が漢訳した多くの大乗経典を、隋の時代に六十巻に編集したもの。「大集」とは、釈尊が十方の仏・菩薩などを多数集めて大乗の法を説かれたことに由来する。密教的色彩が強く、末法思想の根幹、五五百歳の教説が述べられる。

六世紀中期

・那連提耶舎《なれんだいやしゃ》

蓮華面経　れんげめんぎょう

涅槃経系に属する。未来世における仏法の様相を予言して、僧俗の堕落、仏法の衰え消滅などを説いている。

新訳　しんやく

七世紀中期

・玄奘《げんじょう》

解深密経　げじんみつきょう

『深密経《じんみつきょう》』ともいわれる。一切は心の現れであるという唯識《ゆいしき》思想を初めて説いた経。

般若経　はんにゃぎょう

玄奘《げんじょう》訳出は『大般若経《だいはんにゃきょう》』六百巻。般若波羅蜜《はんにゃはらみつ》とは智慧によって六波羅蜜《ろくはらみつ》を修し、悟りに達することをいう。詳しくは後出。

七世紀中期

・実叉難陀《じっさなんだ》・義浄《ぎじょう》

金光明経　こんこうみょうきょう

正式には『金光明最勝王経《こんこうみょうさいしょうおうきょう》』といい『最勝王経《さいしょうおうきょう》』とも称する。諸訳があるが、唐代の義浄《ぎじょう》の訳を日蓮聖人はもちいられている。国家守護の経典として知られ、国王の義務を説く「王法正論品《おうほうしょうろんぽん》」を収めている。また懺悔滅罪《さんげめつざい》の法も説く。

最勝王経　さいしょうおうきょう

『金光明最勝王経《こんこうみょうさいしょうおうきょう》』のこと。

華厳経　けごんきょう

唐訳、八十巻。詳しくは後出。

八世紀

・善無畏《ぜんむい》・不空《ふくう》・金剛智《こんごうち》

大日三部経

真言宗が拠り所とする経典。善無畏《ぜんむい》、不空《ふくう》・金剛智《こんごうち》の三師により、同時期に訳出された。

大日経　だいにちきょう

『大毘盧遮那成仏神変加持経《だいびろしゃなじょうぶつじんべんかじきょう》』といい、善無畏《ぜんむい》、不空《ふくう》により訳された。経相は住心品《じゅうしんぼん》のみに説かれ、多くは胎蔵曼荼羅《たいぞうまんだら》の造立法《ぞうりゅうほう》、灌頂《かんちょう》、護摩《ごま》、印《いん》、真言《しんごん》などの行法を説く。

金剛頂経　こんごうちょうきょう

異訳は数多く存在するが、不空《ふくう》訳の『金剛頂一切如来真実摂大乗現証大教王経《こんごうちょういっさいにょらいしんじつせつだいじょうげんしょうだいきょうおうきょう》』を指す。日蓮聖人は、金剛智《こんごうち》訳の『金剛頂瑜伽中略出念誦経《こんごうちょうゆがちゅうりゃくしゅつねんじゅきょう》』

をさして『金剛頂経《こんごうちょうきょう》』とされることもある。ともに唐代の訳である。梵本は十八会十万頌からなる膨大なものであるが、不空《ふくう》訳は一部の訳出であり、金剛智《こんごうち》訳は『瑜伽論《ゆがろん》』の抽出である。

蘇悉地経　そしっちつきょう

『蘇悉地羯羅経《そしっちかつらきょう》』といい善無畏《ぜんむい》の訳。世間、出世間の作業の作法を説き、より実践的である。三密相応《さんみつそうおう》が裏付けられる。

八世紀後期

・般若《はんにゃ》・牟尼室利《むにしつり》

守護経　しゅごきょう

『守護国界経《しゅごこっかいきょう》』といい、般若《はんにゃ》・牟尼室利《むにしつり》共訳。雑密《ぞうみつ》経典にあたる。国主を守護することはあまねく人民を守護することになると説く。

六波羅蜜経　ろくはらみつきょう

『大乗理趣六波羅蜜経《だいじょうりしゅろくはらみつきょう》』といい、『理趣経《りしゅきょう》』とも呼ばれる。護持国界と菩薩の六度が説かれる。

華厳経　けごんぎょう

正式名称は『大方広仏華厳経《だいほうこうぶつけごんぎょう》』という。大方広とは大乗の意味で、仏華厳は「菩薩行の雑華で、仏を厳飾する」という意味をもつ。毘盧遮那仏《びろしゃなぶつ》（大日如来）を本尊とする。中国訳は二種類あり、四二〇年、仏陀跋陀羅《ぶっだばつだら》の六十巻本、六九九年、実叉難陀《じっしゃなんだ》の八十巻唐訳がある。内容は善財童子《ぜんざいどうじ》の求道物語であり、童子の師は仏、菩薩、諸天善神にとどまらず、在俗の王、医者、少年、少女、さらには娼婦も含まれる。童子は純粋であり、職業の貴賤、世俗の法にとらわれず、道を求めて教えを請う。ここで説かれる菩薩行は、『法華経《ほけきょう》』にたいすると、凡夫、悪人、女人、二乗の成仏を説かない。『法華経《ほけきょう》』が二乗の作仏を、同じく説くことから同教一乗《どうきょういちじょう》と呼ばれるのにたいし、『華厳経《けごんぎょう》』は菩薩行のみを別に説くことから、別教一乗《べっきょういちじょう》と呼ばれる。

般若経　はんにゃぎょう

『般若波羅蜜経《はんにゃはらみつきょう》』ともいう。般若波羅蜜《はんにゃはらみつ》とは智慧によって、六波羅蜜《ろくはらみつ》を修し、悟りに達することをいう。インドにおいても様々な『般若経《はんにゃきょう》』が作成され、また訳経も種々ある。それを蒐集したものが玄奘《げんじょう》訳の『大般若経《だいはんにゃきょう》』六百巻である。また鳩摩羅什《くまらじゅう》訳の『大品般若経《だいほんはんにゃきょう》』、『小品般若経《しょうほんはんにゃきょう》』。玄奘《げんじょう》訳の『般若心経《はんにゃしんぎょう》』などもひろく用いられている。

第二章　五箇五百歳の経説

第一節　諸師の料簡

問《とう》て云《いわ》く、何《いか》なる時《とき》にか小乗《しょうじょう》・権経《ごんぎょう》をとき、何《いか》なる時《とき》にか『法華経《ほけきょう》』を説《と》くべきや。

答《こた》へて云《いわ》く、十信《じっしん》[1]の菩薩《ぼさつ》より等覚《とうがく》[2]の大士《だいじ》にいたるまで、時《とき》と機《き》とをば相知《あいし》りがたき事《こと》なり。何《いか》に況《いわん》や我等《われら》は凡夫《ぼんぶ》なり。いかでか時機《じき》をしるべき。

求《もと》めて云《いわ》く、すこしも知《し》る事《こと》あるべからざるか。

答《こた》へて云《いわ》く、佛眼《ぶつげん》をかつ(借)て時機《じき》をかんがへ(考)よ。佛日《ぶつにち》を用《もっ》て国《くに》をてら(照)せ。

問《とう》て云《いわ》く、其心如何《そのこころいかん》。

答《こた》へて云《いわ》く、『大集経《だいじっきょう》』に大覚世尊《だいがくせそん》、月蔵菩薩《がつぞうぼさつ》に対《たい》して未来《みらい》の時《とき》を定《さだ》め給《たま》えり。所謂我滅度《いわゆるわがめつど》の後《のち》の五百歳の中《なか》には解脱堅固《げだつけんご》、次《つぎ》の五百年には禅定堅固《ぜんじょうけんご》(已上一千年)。次《つぎ》の五百年には読誦多聞堅固《どくじゅたもんけんご》、次《つぎ》の五百年には多造塔寺堅固《たぞうとうじけんご》(已

1　**十信**　菩薩が修行すべき五十二の段階の、最初の十段階を指す。初心の求道者の修すべき十種の心。仏の教えに入るものは、まず信による。

2　**等覚**　菩薩の五十二位の第五十一位。間もなく仏になろうとする菩薩。

安楽集

上二千年)、次《つぎ》の五百年には、

「我《わ》が法《ほう》の中《なか》に於《おい》て闘諍言訟《とうじょうごんじょう》して白法隠没《びゃくほうおんもつ》せん」等云云《とううんぬん》。

此《こ》の五《ご》の五百歳、二千五百余年に人々《ひとびと》の料簡《りょうけん》さまざまなり。

漢土《かんど》の道綽禅師《どうしゃくぜんじ》*が云《いわ》く、

「正像《しょうぞう》二千、四箇《しか》の五百歳には、小乗《しょうじょう》と大乗《だいじょう》との白法《びゃくほう》盛《さか》んなるべし。末法《まっぽう》に入《い》りては彼等《かれら》の白法《びゃくほう》皆《み》な消滅《しょうめつ》して、浄《じょう》土《ど》の法門《ほうもん》・念佛《ねんぶつ》の白法《びゃくほう》を修行《しゅぎょう》せん人計《ひとばか》り、生死《しょうじ》をはなる(離)べし」

日本国《にほんごく》の法然《ほうねん》*が料簡《りょうけん》して云《いわ》く、

「今日本国《いまにほんごく》に流布《るふ》する『法華経《ほけきょう》』・『華厳経《けごんぎょう》』・並《なら》びに『大日《だいにち》経《きょう》』・諸《もろもろ》の小乗経《しょうじょうきょう》、天台《てんだい》・真言《しんごん》・律《りつ》等の諸宗《しょしゅう》は『大集《だいじつ》経《きょう》』の記文《きもん》の正像《しょうぞう》二千年の白法《びゃくほう》なり。末法《まっぽう》に入《い》りては、彼《かれ》

曇鸞『浄土論』
道綽『安楽集』
善導『往生礼讃』

等《ら》の白法《びゃくほう》は皆滅尽《みなめつじん》すべし。設《たと》ひ行《ぎょう》ずる人ありとも、一人《いちにん》も生死《しょうじ》をはなる（離）べからず。『十住毘婆沙論《じゅうじゅうびばしゃろん》』と曇鸞法師《どんらんほっし》*が「難行道《なんぎょうどう》」、道綽《どうしゃく》の「未有一人得者《みういちにんとくしゃ》」、善導《ぜんどう》*の「千中無一《せんちゅうむいち》」これなり。彼等《かれら》の白法隠没《びゃくほうおんもつ》の次《つぎ》には『浄土三部経《じょうどさんぶきょう》』、弥陀称名《みだしょうみょう》の一行計《いちぎょうばか》り大白法《だいびゃくほう》として出現《しゅつげん》すべし。此《これ》を行《ぎょう》ぜん人々《ひとびと》はいかなる悪人《あくにん》・愚人《ぐにん》なりとも「十即十生《じっそくじっしょう》、百即百生《ひゃくそくひゃくしょう》」唯浄土《ただじょうど》の一門《いちもん》のみ有《あ》りて通入《つうにゅう》すべき路《みち》」とはこれなり。

　されば後世《ごせ》を願《ねが》はん人々《ひとびと》は、叡山《えいざん》・東寺《とうじ》・園城《おんじょう》・七大寺《しちだいじ》[3]等《とう》の日本一州《にほんいっしゅう》の諸寺《しょじ》・諸山《しょざん》の御帰依《ごきえ》をとどめて、彼《か》の寺山《じざん》によせ（寄）をける田畠郡郷《でんばたぐんごう》を、うばいと（奪取）て念佛堂《ねんぶつどう》につけ（附）ば決定往生《けつじょうおうじょう》、南無阿弥陀佛《なむあみだぶつ》とすゝめ（勧）ければ、我朝《わがちょう》、一同《いちどう》に其《そ》の義《ぎ》になりて今《いま》に五十余年なり。日蓮此等《にちれんこれら》の悪義《あくぎ》を難《なん》じやぶる（破）事《こと》は事《こと》ふり（旧）候《そうらい》ぬ。

3　**七大寺**　東大寺、西大寺、法隆寺、薬師寺、大安寺、元興寺、興福寺。

㉓—47

彼《か》の『大集経《だいじっきょう》』の白法隠没《びゃくほうおんもつ》の時《とき》は第五《だいご》の五百歳、当世《とうせい》なる事《こと》は疑《うたが》ひなし。但《ただ》し彼《か》の白法隠没《びゃくほうおんもつ》の次《つぎ》には、『法華経《ほけきょう》』の肝心《かんじん》たる南無妙法蓮華経《なむみょうほうれんげきょう》の大白法《だいびゃくほう》の、一閻浮提《いちえんぶだい》の内《うち》に八万の国《くに》あり、其《そ》の国々《くにぐに》に八万の王《おう》あり、王々《おうおう》ごとに臣下《しんか》並《ならび》に万民《ばんみん》までも、今日本国《いまにほんごく》に弥陀称名《みだしょうみょう》を四衆《ししゅう》の口々《くちぐち》に唱《とな》ふるがごとく、広宣流布《こうせんるふ》せさせ給《たま》ふべきなり。

問《とう》て云《いわ》く、其証文如何《そのしょうもんいかん》。

答《こた》へて云《いわ》く、『法華経《ほけきょう》』の第七《だいしち》に云《いわ》く、

「我《わ》が滅度《めつど》の後《のち》、後《のち》の五百歳の中《うち》に、閻浮提《えんぶだい》に於《お》いて広宣《こうせん》流布《るふ》して、断絶《だんぜつ》せしむることなけん」等云云《とううんぬん》。

経文《きょうもん》は、大集経《だいじっきょう》の白法隠没《びゃくほうおんもつ》の次《つぎ》の時《とき》をとかせ（説）給《たま》ふに「広宣流布《こうせんるふ》」と云云《うんぬん》。

同第六《どうだいろく》の巻《まき》に云《いわ》く、

第二節　後五百歳広宣流布の仏法

⑰—55
「悪世末法《あくせまっぽう》の時《とき》、能《よ》く是《こ》の経《きょう》を持《たも》つ者《もの》」等云云《とううんぬん》。

又第五《まただいご》の巻《まき》に云《いわ》く、

⑭—46
「後《のち》の末世《まっせ》の法滅《ほうめつ》せんと欲《ほっ》せん時《とき》に於《おい》て」等《とう》。

又第四《まただいし》の巻《まき》に云《いわ》く、

⑩—19
「而《しか》も此《こ》の経《きょう》は如来《にょらい》の現在《げんざい》すら猶《な》お怨嫉《おんしつ》多《おお》し。況《いわん》や滅度《めつど》の後《のち》をや」

又第五《まただいご》の巻《まき》に云《いわ》く、

⑭—64
「一切世間《いっさいせけん》に怨《あだ》多《おお》くして信《しん》じ難《がた》し」

又第七《まただいしち》の巻《まき》に第五《だいご》の五百歳闘諍堅固《とうじょうけんご》の時《とき》を説《と》きて云《いわ》く、

㉓—49
「悪魔《あくま》・魔民《まみん》・諸天《しょてん》・龍《りゅう》・夜叉《やしゃ》・鳩槃茶《くはんだ》[4]等《とう》に其《そ》の便《たより》を得《え》ん」

『大集経《だいじっきょう》』に云《いわ》く、

「我《わ》が法《ほう》の中《なか》に於《おい》て闘諍言訟《とうじょうごんじょう》せん」等云云《とううんぬん》。

『法華経《ほけきょう》』の第五《だいご》に云《いわ》く、

---

4 **鳩槃茶** 四天王の率いる八部族の一つ。増長天の眷属で、人の精気を食う鬼。

「悪世《あくせ》の中《なか》の比丘《びく》」　⑬—19

又云《またいわ》く、

「或《あるい》は阿蘭《あらん》(練)若《にゃ》[5]にあり」等云云《とううんぬん》。　⑬—19

又云《またいわ》く、

「悪鬼《あっき》其《そ》の身《み》に入《い》る」等云云《とううんぬん》。　⑬—24

文《もん》の心《こころ》は、第五《だいご》の五百歳の時《とき》、悪鬼《あっき》の身《み》に入《いれ》る大僧等《だいそうとう》国中《くにじゅう》に充満《じゅうまん》せん。其時《そのとき》に智人《ちにん》一人出現《いちにんしゅつげん》せん。彼《か》の悪鬼《あっき》の入《い》れる大僧等《だいそうとう》、時《とき》の王臣万民等《おうしんばんみんとう》を語《かたら》ひて、悪口罵詈《あっくめり》、杖木瓦礫《じょうもくがりゃく》、流罪死罪《るざいしざい》に行《おこな》はん時《とき》、釈迦《しゃか》・多宝《たほう》・十方《じっぽう》の諸佛《しょぶつ》、地涌《じゆ》の大菩薩《だいぼさつ》らに仰《おお》せつけば、大菩薩《だいぼさつ》は梵《ぼん》・帝《たい》・日月《にちがつ》・四天等《してんとう》に申《もう》しくだ(下)され、其時天変地夭盛《そのときてんぺんちようさかん》なるべし。国主等《こくしゅとう》、其《そ》のいさめ(諫)を用《もち》ひずは、隣国《りんごく》にをほせ(仰)つけて、彼々《かれがれ》の国々《くにぐに》の悪王《あくおう》・悪比丘等《あくびくとう》をせめ(責)らるるならば、前代未聞《ぜんだいみもん》の大《だい》

5　**阿蘭若**　僧の修行する場所。町や村より近からず遠からず、修行に適した場所。

6　**四天下**　世界中。

7　**十神力**　神力品に説かれる十種類の神力。
法華文句によると、
一、吐舌相。　仏が広長舌を出して梵天に至らしめること。仏の不妄語を示す。
二、通身放光。　全身の毛孔より光を発し、十方世界を照らすこと。仏の智慧は一切に及ぶことを示す。
三、謦欬。　法を説く前に咳払いすること。真実の大事を説くことを示す。
四、弾指。　指を弾くこと。随喜を示す。
五、地六種動。　謦欬・弾指の音が十方世界に響き

闘諍《とうじょう》、一閻浮提《いちえんぶだい》に起《おこ》るべし。

其時日月所照《そのときにちがつしょしょう》の四天下《してんげ》6の一切衆生《いっさいしゅじょう》、或《あるい》は国《くに》をしみ、或《あるい》は身《み》をしむゆへに、一切《いっさい》の佛《ぶつ》・菩薩《ぼさつ》にいのり（祈）をかく（掛）ともしるし（験）なくば、彼《か》のにくみ（憎）つる一《ひとり》の小僧《しょうそう》を信《しん》じて、無量《むりょう》の大僧等《だいそうとう》・八万《はちまん》の大王等《だいおうとう》・一切《いっさい》の万民《ばんみん》、皆頭《みなこうべ》を地《ち》につけ掌《たなごころ》を合《あわ》せて、一同《いちどう》に南無妙法蓮華経《なむみょうほうれんげきょう》ととなう（唱）べし。例《れい》せば神力品《じんりきほん》の十神力《じゅうじんりき》7の時《とき》、十方世界《じっぽうせかい》の一切《いっさい》衆生一人《しゅじょういちにん》もなく、娑婆世界《しゃばせかい》に向《むか》つて大音声《だいおんじょう》をはなち（発）て南無釈迦牟尼佛《なむしゃかむにぶつ》、南無釈迦牟尼佛《なむしゃかむにぶつ》、南無妙法蓮華経《なむみょうほうれんげきょう》、南無妙法蓮華経《なむみょうほうれんげきょう》と一同《いちどう》にさけび（叫）しがごとし。

問《とう》て云《いわ》く、経文《きょうもん》は分明《ふんみょう》に候《そうろう》。天台《てんだい》*・妙楽《みょうらく》*・伝教《でんぎょう》*等《とう》の未来記《みらいき》の言《ことば》はありや。

答《こた》へて云《いわ》く、汝《なんじ》が不審逆《ふしんさかさま》なり。釈《しゃく》を引《ひ》かん時《とき》こそ経《きょう》・

渡り、大地が六種に振動すること。人々が清浄となることを示す。

六、普見大会。十方世界の一切衆生が、虚空会上の二仏並座の尊形を拝することが出来て歓喜すること。諸仏の道が同じと示す。

七、空中唱声。諸天が虚空において十方世界の衆生に向かって、本仏釈尊が娑婆世界において説く法華経を深心に随喜し、本仏釈尊を礼拝し供養せよと告げること。未来の法華経弘布を示す。

八、咸皆帰命。空中の声を聞き十方世界の一切衆生が釈尊に帰依すること。未来に法華経を帰依する人が、国土に充満することを示す。

九、遙散諸物。十方からの諸宝物が、雲のように集まり、諸仏の上に覆うこと。未来に法華経の行法のみになることを示す。

十、通一仏土。十方世界と娑婆世界が融合して、一仏国土になること。未来に仏智見が国土に行きわたることを示す。

第三節　法華経広宣流布

論《ろん》はいかにとは不審《ふしん》せられたれ。経文《きょうもん》に分明《ふんみょう》ならば釈《しゃく》を尋《たず》ぬべからず。さて釈《しゃく》の文《もん》、経《きょう》に相違《そうい》せば、経《きょう》をすてて釈《しゃく》につくべきか、如何《いかん》。

彼云《かれのいわ》く、道理至極《どうりしごく》せり。しかれども凡夫《ぼんぶ》の習《なら》ひ、経《きょう》は遠《とお》し釈《しゃく》は近《ちか》し。近《ちか》き釈分明《しゃくふんみょう》ならば、いますこし信心《しんじん》をますべし。

今云《いまいわ》く、汝《なんじ》が不審《ふしん》ねんごろなれば少々《しょうしょう》釈《しゃく》をいだすべし。天台大師云《てんだいだいしいわ》く、

法華文句

「後《のち》の五百歳、遠《とお》く妙道《みょうどう》[8]に沾《うるお》わん[9]」

妙楽大師云《みょうらくだいしいわ》く、

法華文句記

「末法《まっぽう》の初《はじ》め冥利《みょうり》[10]無《な》きにあらず」

伝教大師云《でんぎょうだいしいわ》く、

守護国界章

「正像稍《しょうぞうやや》過《す》ぎ已《おわ》りて、末法《まっぽう》太《はなは》だ近《ちか》きに有《あ》り。法華一乗《ほっけいちじょう》の

8　**妙道**　仏のお説きになった最も勝れた教え。

9　**沾わん**　感化する。利益をこうむる。

10　**冥利**　神仏が知らず知らずのうちに与える利益。

⑭—46

法華秀句

⑩—19

機《き》、今正《いままさ》しく是《こ》れ其《そ》の時《とき》なり。何《なに》を以《もっ》て知《し》ることを得《う》る。安《あん》楽行品《らくぎょうほん》に云《いわ》く、末世法滅《まっせほうめつ》の時《とき》なり」

又云《またいわ》く、

「代《よ》を語《かた》れば則《すなわ》ち像《ぞう》の終《おわ》り末《まつ》の初《はじ》め、地《ち》を尋《たず》ぬれば唐《とう》の東《ひがし》羯《かつ》[11]の西《にし》、人を原《たず》ぬれば則《すなわ》ち五濁《ごじょく》[12]の生闘諍《しょうとうじょう》の時《とき》なり。経《きょう》に云《いわ》く「猶多怨嫉況滅度後《ゆたおんしつきょうめつどご》」と。此《こ》の言《ことば》良《まこと》に以有《ゆえあ》るなり」云云《うんぬん》。


夫《そ》れ釈尊《しゃくそん》の出世《しゅっせ》は住劫第九《じゅうこうだいく》の減《げん》[13]、人寿《にんじゅ》百歳の時《とき》なり。百歳と十歳との中間《ちゅうげん》、在世《ざいせ》五十年、滅後《めつご》二千年と一万年となり。其中間《そのちゅうげん》に『法華経《ほけきょう》』の流布《るふ》の時《とき》二度《にど》あるべし。所謂在世《いわゆるざいせ》の八年、滅後《めつご》には末法《まっぽう》の始《はじめ》の五百年なり。而《しか》るに天台《てんだい》・妙楽《みょうらく》・伝教等《でんぎょうとう》は進《すす》んでは在世《ざいせ》『法華経《ほけきょう》』の時《とき》にももれ（洩）させ給《たま》ひぬ。退《しりぞ》きては滅後末法《めつごまっぽう》の時《とき》にも生《うま》れさせ給《たま》

---

11 **羯**　摩羯の略。中国吉族の名。随・唐の時代、中国東部の民族。転じて地名となる。

12 **五濁**　悪世における五種のけがれ。劫濁・見濁・煩悩濁・衆生濁・命濁の五つをいう。

13 **住劫第九の減**　四劫の一つ住劫内の第九度目、人寿の減ずる時の意。四劫とは、世界が形成され、存続し、無くなるまでの期間をいう。成劫（成立期）、住劫（安定期）、壊功（破壊期）、空劫（空白期）。住劫の時には、人の寿命が無限大から十才に減ずる期間と、十才から八万才になる期間があるという。この期間が住劫の間、十回繰り返される。第九の減とは、第九回目の年齢が減ずる期間のこと。

はず。中間《ちゅうげん》なる事《こと》をなげかせ給《たま》ひて、末法《まっぽう》の始《はじめ》をこひ(恋)させ給《たま》ふ御筆《おんふで》なり。例《れい》せば阿私陀仙人《あしだせんにん》*が悉達太子《しっだたいし》の生《うま》れさせ給《たま》ひしを見《み》て悲《かな》しみて云《いわ》く、

「現生《げんしょう》には九十にあまれり、太子《たいし》の成道《じょうどう》を見《み》るべからず。後生《ごしょう》には無色界《むしきかい》[14]に生《うま》れて、五十年の説法《せっぽう》の坐《ざ》にもつら(列)なるべからず。正像末《しょうぞうまつ》にも生《うま》るべからず」となげき(歎)しがごとし。

道心《どうしん》あらん人人《ひとびと》は、此《これ》を見《み》きき(聴)て悦《よろこ》ばせ給《たま》へ。正像《しょうぞう》二千年の大王《だいおう》よりも、後世《ごせ》ををもは(思)ん人々《ひとびと》は、末法《まっぽう》の今《いま》の民《たみ》にてこそあるべけれ。此《これ》を信《しん》ぜざらんや。彼《か》の天台《てんだい》の座主《ざす》よりも南無妙法蓮華経《なむみょうほうれんげきょう》と唱《とな》ふる癩人《らいにん》とはなるべし。

梁《りょう》の武帝《ぶてい》の願《がん》に云《いわ》く、

「寧《むし》ろ提婆達多《だいばだった》*となて無間地獄《むけんじごく》には沈《しず》むとも、欝頭羅弗《うづらんほつ》*

---

14 **無色界**　欲界・色界とともに三界の一に数えられる。

欲　界　欲望にとらわれた六道の生物の世界。

色　界　欲望は超越したが、物質に捕らわれる生物の世界。

無色界　つまり物質を超えた世界で、物質的なおもいを離れて四無色定を修めた者が死後に生まれる天界。

とはならじ」と云云《うんぬん》。

問《と》て云《いわ》く、龍樹《りゅうじゅ》*、天親《てんじん》*等《とう》の論師《ろんじ》の中《なか》に此義《このぎ》ありや。

答《こた》へて云《いわ》く、龍樹《りゅうじゅ》、天親《てんじん》等《とう》は内心《ないしん》には存《ぞん》ぜさせ給《たま》ふといえども、言《ことば》には此義《このぎ》を宣給《のべたま》はず。

求《もと》めて云《いわ》く、いかなる故《ゆえ》にか宣給《のべたま》はざるや。

答《こた》へて云《いわ》く、多《おお》くの故《ゆえ》あり。一《いち》には彼《か》の時《とき》には機《き》なし。二《に》には時《とき》なし。三《さん》には迹化《しゃっけ》なれば付嘱《ふぞく》せられ給《たま》はず。

求《もと》めて云《いわ》く、願《ねがわ》くば此事《このこと》よくよくきかんとをも(思)う。

答《こた》へて云《いわ》く、夫《そ》れ佛《ほとけ》の滅後《めつご》二月十六日よりは正法《しょうぼう》の始《はじ》めなり。迦葉尊者《かしょうそんじゃ》*佛《ほとけ》の付嘱《ふぞく》をうけて二十年、次《つぎ》に阿難尊者《あなんそんじゃ》*二十年、次《つぎ》に商那和修《しょうなわしゅ》二十年、次《つぎ》に優婆崛多《うばくった》二十年、次《つぎ》に提多迦《だいたか》二十年、已上《いじょう》一百年が間《あいだ》は、但《た》だ小乗経《しょうじょうきょう》の法門《ほうもん》をのみ弘通《ぐづう》して、諸大乗経《しょだいじょうきょう》は名字《みょうじ》もなし。何《いか》に況《いわん》や

第四節　正法　解脱堅固

（内外相対時代）

『大集経』に説く。仏滅後の第一の五百年間は、正法が盛んであって解脱を体得する点で堅固であることをいう。内道（仏教）と外道が対立する時代。

『法華経《ほけきょう》』をひろむ(弘)べしや。次《つぎ》には弥遮迦《みしゃか》・佛陀難提《ぶつだなんだい》・佛《ぶつ》駄蜜多《だみった》・脇比丘《きょうびく》・富那奢《ふなしゃ》等《とう》の四五人《しごにん》、前《まえ》の五百余年が間《あいだ》は、大乗経《だいじょうきょう》の法門《ほうもん》少々《しょうしょう》出来《しゅったい》せしかども、とりたてて弘通《ぐづう》し給《たま》はず。但小乗経《ただしょうじょうきょう》を面《おもて》としてやみぬ。已上《いじょう》『大集経《だいじっきょう》』の先《さきの》五百年解脱堅固《げだつけんご》の時《とき》なり。

正法《しょうぼう》の後《のち》六百年已後《いご》一千年が前《まえ》、其中間《そのちゅうげん》に馬鳴《めみょう》菩薩《ぼさつ》・毘羅尊者《びらそんじゃ》・龍樹菩薩《りゅうじゅぼさつ》・提婆菩薩《だいばぼさつ》・羅睺尊者《らごそんじゃ》・僧佉難提《そうぎゃなんだい》・僧伽《そうぎゃ》耶奢《やしゃ》・鳩摩羅駄《くまらだ》・闍夜那《じゃやな》・盤陀《ばんだ》・摩奴羅《まぬら》・鶴勒夜那《かくろくやな》・師子《しし》*等《とう》の十余人の人々《ひとびと》、始《はじ》めには外道《げどう》の家《いえ》に入《い》り、次《つぎ》には小乗経《しょうじょうきょう》をきわめ、後《のち》には諸大乗経《しょだいじょうきょう》をもつて諸小乗経《しょしょうじょうきょう》をば破《は》し失《うしな》ひ給《たま》ひき。此等《これら》の大士等《だいじら》は諸大乗経《しょだいじょうきょう》をもつて、諸小乗《しょしょうじょう》経《きょう》をば破《は》せさせ給《たま》ひしかども、諸大乗経《しょだいじょうきょう》と『法華経《ほけきょう》』の勝劣《しょうれつ》をば分明《ふんみょう》にかかせ給《たま》はず。設《たと》ひ勝劣《しょうれつ》をすこしかゝせ

第五節　正法　禅定堅固

(大小相対時代)

禅定を修することを堅固する時代。『大集経』の五箇五百歳の説のうち、第二の五百年の時期の特質。大乗小乗が対立する時代。

給《たま》ひたるやうなれども、本迹《ほんじゃく》の十妙《じゅうみょう》[15]・二乗作佛《にじょうさぶつ》・久遠《くおん》実成《じつじょう》・已今当《いこんとう》の妙《みょう》・百界千如《ひゃっかいせんにょ》・一念三千《いちねんさんぜん》の肝要《かんよう》の法門《ほうもん》は分《ふん》明《みょう》ならず。但或《ただあるい》は指《ゆび》をもつて月《つき》をさすがごとし、或《あるい》は文《もん》にあたりて、ひとはし計《ばか》りかかせ給《たま》ひて、化道《けどう》の始終《しじゅう》[16]・師弟《してい》の遠近《おんごん》[17]・得道《とくどう》の有無《うむ》[18]はすべて一分《いちぶん》もみへず。此等《これら》は正法《しょうぼう》の後《のち》の五百年、大集経《だいじっきょう》の禅定堅固《ぜんじょうけんご》の時《とき》にあたれり。

正法《しょうぼう》一千年の後《のち》は月氏《がっし》に佛法充満《ぶっぽうじゅうまん》せしかども、或《あるい》は小《しょう》をもて大《だい》を破《は》し、或《あるい》は権経《ごんぎょう》をもつて実経《じっきょう》を隠没《おんもつ》し、佛法《ぶっぽう》さまざまに乱《みだ》れしかば、得道《とくどう》の人やうや(漸)くすくなく、佛法《ぶっぽう》につけて悪道《あくどう》に堕《おち》る者かずをしらず。

正法《しょうぼう》一千年の後《のち》、像法《ぞうぼう》に入《いり》て一十五年と申《もう》せしに、佛法《ぶっぽう》東《ひがし》に流《なが》れて漢土《かんど》に入《い》りにき。像法《ぞうぼう》の前五百年の内《うち》、始《はじ》めの一百余年が間《あいだ》は、漢土《かんど》の道士《どうし》と月氏《がっし》の佛法《ぶっぽう》と諍論《じょうろん》して、い

---

15 **本迹の十妙** 本門・迹門に説かれている十種の妙。迹門は始成正覚の釈尊の教化が説かれ、一貫して諸仏の悟りの内容を示す諸法の実相であり、その原理論に立脚して二乗の成仏が説かれる。本門の十妙は、如来寿量品に開顕された久遠実成を根本におき、久遠本仏の因果、利益等の不可思議なることを顕彰する。法華玄義に説かれる。

16 **化道の始終** 法華経において化道の始めと終りを説く。釈尊はこの世に出てこられて、はじめて教えをお説きになったのではなく、遠い昔から一切の人々を、終わりなく教え導かれる。

17 **師弟の遠近** 釈尊と弟子との関係は、この世だけで近いようだが、実は前世からの縁があり、釈尊と我々は師弟であったと法華経で明らかになる。

18 **得道の有無** 教えを聞く人の心持ちが、仏の心持ちと融け合い、仏の心持ちがわかることを融という。不融とは、自分の心と仏のお心持ちが融け合わず、教えが完全にはわからない。末法の世にならないと真の融はない。正法の世、像法の世では魂を打ち込み、法華経が解って信ずることができない。

第六節　像法　読誦多聞堅固

(天台大師)

経論の読誦と聞法に精進する人の多い期間。『大集経』の五箇五百歳説のうち、第三の五百年の特質。中国に経典が伝来し、経典について南三北七の十宗と天台大師が対立した。

まだ事《こと》さだまらず。設《たと》ひ定《さだま》りたりしかども、佛法《ぶっぽう》を信《しん》ずる人の心《こころ》いまだふか（深）からず。而《しか》るに佛法《ぶっぽう》の中《なか》に大小《だいしょう》・権実《ごんじつ》・顕密《けんみつ》をわか（分）つならば、聖教一同《しょうぎょういちどう》ならざる故《ゆえ》、疑《うたがい》を（起）こりてかへりて外典《げてん》とともな（伴）う者《もの》もありぬべし。これらのをそ（畏）れあるかのゆへに、摩騰《まとう》*・竺蘭《じくらん》*は自《みずか》らは知《しり》て而《しか》も大小《だいしょう》を分《わ》けず、権実《ごんじつ》をいはずしてやみぬ。

其後《そののち》魏《ぎ》、晋《しん》、宋《そう》、斉《せい》、梁《りょう》の五代が間《あいだ》、佛法《ぶっぽう》の内《うち》に大小《だいしょう》、権実《ごんじつ》・顕密《けんみつ》をあらそひし程《ほど》に、いづれこそ道理《どうり》ともきこえずして、上一人《かみいちにん》より下万民《しもばんみん》にいたるまで不審《ふしん》すくなからず。南三北七《なんさんほくしち》と申《もう》して佛法十流《ぶっぽうじゅうりゅう》にわかれぬ。所謂南《いわゆるみなみ》には三《さん》時《じ》・四時《しじ》・五時《ごじ》・北《きた》には五時《ごじ》・半満《はんまん》・四宗《ししゅう》・五宗《ごしゅう》・六宗《ろくしゅう》・二《に》宗《しゅう》の大乗《だいじょう》・一音等《いっとんとう》、各々《おのおの》義《ぎ》を立《た》て辺執水火《へんしゅうすいか》なり。しかれども大綱《たいこう》は一同《いちどう》なり。所謂《いわゆる》、

「一代聖教《いちだいしょうぎょう》の中《なか》には華厳経《けごんぎょう》第一《だいいち》・涅槃経《ねはんぎょう》第二《だいに》・法華経《ほけきょう》第三《だいさん》なり。『法華経《ほけきょう》』は『阿含《あごん》』・『般若《はんにゃ》』・『浄名《じょうみょう》』・『思益《しやく》』等《とう》の経々《きょうぎょう》に対《たい》すれば真実《しんじつ》なり。了義経《りょうぎきょう》[19]・正見《しょうけん》なり。しかりといへども涅槃経《ねはんぎょう》に対《たい》すれば無常教《むじょうきょう》[20]・不了義経《ふりょうぎきょう》・邪見《じゃけん》の経《きょう》』等云云《とううんぬん》。

漢《かん》より四百余年の末《すえ》五百年に入《いり》て、陳隋《ちんずい》二代に智顗《ちぎ》と申《もう》す小僧一人《しょうそういちにん》あり。後《のち》には天台智者大師《てんだいちしゃだいし》と号《ごう》したてまつる。南北《なんぼく》の邪義《じゃぎ》をやぶりて、

「一代聖教《いちだいしょうぎょう》の中《なか》には法華経《ほけきょう》第一《だいいち》・涅槃経《ねはんぎょう》第二《だいに》・華厳経《けごんぎょう》第三《だいさん》なり」等云云《とううんぬん》。

此《こ》れ像法《ぞうぼう》の前《まえ》の五百歳、『大集経《だいじっきょう》』の読誦多聞堅固《どくじゅたもんけんご》の時《とき》にあひあたれり。

像法《ぞうぼう》の後《のち》五百歳は、唐《とう》の始《はじ》め太宗皇帝《たいそうこうてい》の御宇《ぎょう》に、玄奘三《げんじょうさん》

---

19 **了義経・不了義経**　完全な経典を了義経、方便の経典を不了義経という。

20 **無常教**　常住の理を説かない教え。

蔵《ぞう》*月支《がっし》に入《いり》て、十九年が間《あいだ》、百三十箇国の寺塔《じとう》を見聞《けんぶん》して、多《おお》くの論師《ろんじ》に値《あ》ひたてまつりて、八万聖教《はちまんしょうぎょう》・十二部経《じゅうにぶきょう》[21]の淵底《えんてい》を習《なら》ひきわめしに、其中《そのなか》に二宗《にしゅう》あり。所謂《いわゆる》法相《ほっそう》宗《しゅう》・三論宗《さんろんしゅう》なり。此《こ》の二宗《にしゅう》の中《なか》に法相大乗《ほっそうだいじょう》は、遠《とお》くは弥《み》勒《ろく》・無著《むじゃく》*近《ちか》くは戒賢論師《かいけんろんじ》*に伝《つた》へて、漢土《かんど》にかへりて太宗《たいそう》皇帝《こうてい》*にさづけさせ給《たま》ふ、此《こ》の宗《しゅう》の心《こころ》は、

「佛教《ぶっきょう》は機《き》に随《したが》ふべし。一乗《いちじょう》の機《き》のためには三乗方便《さんじょうほうべん》、一《いち》乗真実《じょうしんじつ》なり。所謂《いわゆる》『法華経《ほけきょう》』等《とう》なり。三乗《さんじょう》の機《き》のためには三乗真実《さんじょうしんじつ》、一乗方便《いちじょうほうべん》。所謂《いわゆる》『深密経《じんみっきょう》』・『勝鬘経《しょうまんぎょう》』等《とう》此《こ》れなり。天台智者《てんだいちしゃ》等《とう》は此《こ》の旨《むね》を弁《わきま》へず」等云云《とううんぬん》。

而《しか》も太宗《たいそう》は賢王《けんおう》なり。当時《そのかみ》名《な》を一天《いってん》にひびかすのみならず、三皇《さんこう》にもこえ五帝《ごてい》にも勝《すぐ》れたるよし四海《しかい》にひびき、漢土《かんど》を手《て》ににぎるのみならず、高昌《こうしょう》、高麗《こうらい》等《とう》の一千八百余国を

（天台法華宗と諸宗）
　仏の利益を得る道として、多くの塔や寺を建造することがさかんとなる。『大集経』の五箇五百歳の説のうち、第四の五百年。

21　**十二部経**　仏典の叙述の形式、または内容から十二に分類したもの。各経典によって内容・順序は少し異なるが、一、修多羅（長行）二、祇夜（応頌）三、伽陀（長行と違う意を述べる偈）四、尼陀那（因縁）五、伊帝目多（本事）六、闍多伽（本生）七、阿浮陀達摩（未曾有法）八、阿波陀那（比喩）九、優婆提舎（論議）十、優陀那（自説）十一、毘仏略（方広）十二、和伽羅那（授記）となる。

なびかし、内外《ないげ》を極《きわ》めたる王《おう》ときこへし賢王《けんおう》の第一《だいいち》の御帰依《ごきえ》の僧《そう》なり。天台宗《てんだいしゅう》の学者《がくしゃ》の中《なか》にも、頸《くび》をさしいだす人一人《いちにん》もなし。而《しか》れば『法華経《ほけきょう》』の実義《じつぎ》すでに一国《いっこく》に隠没《おんもつ》しぬ。

同《おな》じき太宗《たいそう》の太子《たいし》高宗《こうそう》*、高宗《こうそう》の継母《けいぼ》則天皇后《そくてんこうごう》*の御宇《ぎょう》に法蔵法師《ほうぞうほっし》*と云《い》ふ者あり。法相宗《ほっそうしゅう》に天台宗《てんだいしゅう》のをそわる(襲)るところを見《み》て、前《さき》に天台《てんだい》の御時《おんとき》せめられし『華厳経《けごんぎょう》』を取《と》り出《いだ》して、一代《いちだい》の中《なか》には華厳第一《けごんだいいち》、法華第二《ほっけだいに》、涅槃第三《ねはんだいさん》と立《た》てけり。

太宗《たいそう》より第《だい》四代玄宗皇帝《げんそうこうてい》*の御宇《ぎょう》、開元《かいげん》四年と同《どう》八年に、西天印度《せいてんいんど》より善無畏三蔵《ぜんむいさんぞう》*・金剛智三蔵《こんごうちさんぞう》*・不空三蔵《ふくうさんぞう》*、『大日経《だいにちきょう》』・『金剛頂経《こんごうちょうきょう》』・『蘇悉地経《そしっじきょう》』を持《も》ちて渡《わた》り真言宗《しんごんしゅう》を立《た》つ。此《こ》の宗《しゅう》の立義《りゅうぎ》に云《いわ》く、

「教《きょう》に二種《にしゅ》あり。一《いち》には釈迦《しゃか》の顕教《けんぎょう》、所謂《いわゆる》『華厳《けごん》』・『法華《ほっけ》』

等《とう》。二《に》には大日《だいにち》の密教《みっきょう》、所謂《いわゆる》『大日経《だいにちきょう》』等《とう》。『法華経《ほけきょう》』は顕《けん》教《ぎょう》の第一《だいいち》なり。此経《このきょう》は大日《だいにち》の密教《みっきょう》に対《たい》すれば、極理《ごくり》は少《すこ》し同《おな》じけれども、事相《じそう》の印契《いんけい》と真言《しんごん》[22]とはたえてみへず。三密相応《さんみつそうおう》[23]せざれば不了義経《ふりょうぎきょう》」等云云《とううんぬん》。

已上《いじょう》法相《ほっそう》・華厳《けごん》・真言《しんごん》の三宗一同《さんしゅういちどう》に天台法華宗《てんだいほっけしゅう》をやぶれども、天台大師《てんだいだいし》程《ほど》の智人《ちにん》、法華宗《ほっけしゅう》の中《なか》になかりけるかの間《あいだ》、内々《ないない》はゆはれなき由《よし》は存《ぞん》じけれども、天台《てんだい》のごとく公《こう》場《じょう》にして論《ろん》ぜられざりければ、上国王大臣《かみこくおうだいじん》、下一切《しもいっさい》の人民《にんみん》にいたるまで、皆佛法《みなぶっぽう》に迷《まよ》ひて衆生《しゅじょう》の得道《とくどう》みなとどまりけり。此等《これら》は像法《ぞうぼう》の後《のち》の五百年の前《まえ》、二百余年が内《うち》なり。

像法《ぞうぼう》に入《いり》て四百余年と申《もう》しけるに、百済国《くだらこく》より一切経《いっさいきょう》並《ならび》に教主釈尊《きょうしゅしゃくそん》の木像《もくぞう》・僧尼等日本国《そうにとうにほんごく》にわたる。漢土《かんど》の梁《りょう》の末《すえ》、陳《ちん》の始《はじ》めにあひあた(相当)る。日本《にほん》には神武天王《じんむてんのう》より

22　**事相の印契と真言**　事相とは教相の対語で、教相が理論であるのにたいし、事相は儀式作法など具体的修行法を指す。印契は指で種々の形を作り仏と一体であることを示し、真言はマントラを唱えることで、口が仏と一体であることを示す。

23　**三密相応**　身密(印)と口密(真言)と意密(心法)との三密が、相応一致し仏と一体となる秘法。

第八節　仏教の日本伝来

は第三十代欽明天王《きんめいてんのう》*の御宇《ぎょう》なり。欽明《きんめい》の御子《みこ》用明《ようめい》*の太子《たいし》に上宮王子《じょうぐうおうじ》*、佛法《ぶっぽう》を弘通《ぐづう》し給《たま》ふのみならず、並《ならび》に『法華《ほけ》経《きょう》』・『浄名経《じょうみょうきょう》』・『勝鬘経《しょうまんぎょう》』を鎮護国家《ちんごこっか》の法《ほう》と定《さだ》めさせ給《たま》ひぬ。其後《そののち》人王《にんのう》第三十七代に孝徳天王《こうとくてんのう》*の御宇《ぎょう》に、三論《さんろん》宗《しゅう》・成実宗《じょうじつしゅう》を観勒僧正《かんろくそうじょう》*百済国《くだらこく》よりわたす。同《おなじき》御代《みよ》に道昭法師《どうしょうほっし》*漢土《かんど》より法相宗《ほっそうしゅう》・倶舎宗《くしゃしゅう》をわたす。人王《にんのう》第四十四代元正天王《げんしょうてんのう》*の御宇《ぎょう》に天竺《てんじく》より『大日経《だいにちきょう》』をわたして有《あ》りしかども、而《しか》も弘通《ぐづう》せずして漢土《かんど》へかへる。此僧《このそう》をば善《ぜん》無畏三蔵《むいさんぞう》という。人王《にんのう》第四十五代に聖武天王《しょうむてんのう》*の御宇《ぎょう》に審《しん》祥大徳《じょうだいとく》*、新羅国《しらぎこく》より華厳宗《けごんしゅう》をわたして、良弁僧正《ろうべんそうじょう》*・聖《しょう》武天王《むてんのう》にさづけたてまつりて、東大寺《とうだいじ》の大佛《だいぶつ》を立《た》てさせ給《たま》えり。同《おなじき》御代《みよ》に大唐《だいとう》の鑑真和尚《がんじんわじょう》*、天台宗《てんだいしゅう》と律宗《りっしゅう》をわたす。其中《そのなか》に律宗《りっしゅう》をば弘通《ぐづう》し、小乗《しょうじょう》の戒場《かいじょう》を東大寺《とうだいじ》に建《こん》立《りゅう》せしかども、法華宗《ほっけしゅう》の事《こと》をば名字《みょうじ》をも申《もう》し出《いだ》させ給《たま》はずして入滅《にゅうめつ》し了《おわ》んぬ。

其後《そののち》人王《にんのう》第五十代、像法《ぞうぼう》八百年に相当《あいあた》つて桓武天王《かんむてんのう》*の御宇《ぎょう》に、最澄《さいちょう》と申《もう》す小僧出来《しょうそうしゅったい》せり。後《のち》には伝教大師《でんぎょうだいし》と号《ごう》したてまつる。始《はじ》めには三論《さんろん》・法相《ほっそう》・華厳《けごん》・倶舎《くしゃ》・成実《じょうじつ》・律《りつ》の六宗並《ろくしゅうならび》に禅宗等《ぜんしゅうとう》を、行表僧正等《ぎょうひょうそうじょうとう》に習学《しゅうがく》せさせ給《たま》ひし程《ほど》に、我《わ》れと立《た》て給《たま》へる国昌寺《こくしょうじ》、後《のち》には比叡山《ひえいざん》と号《ごう》す。此《ここ》にして六宗《ろくしゅう》の本経《ほんきょう》・本論《ほんろん》と宗々《しゅうしゅう》の人師《にんし》の釈《しゃく》とを引《ひ》き合《あわ》せて御《ご》らむ(覧)ありしかば、彼《か》の宗々《しゅうしゅう》の人師《にんし》の釈《しゃく》、所依《しょえ》の経《きょう》論《ろん》に相違《そうい》せる事多《ことおお》き上《うえ》、僻見多々《びゃっけんたた》にして、信受《しんじゅ》せん人皆《ひとみな》悪道《あくどう》に堕《お》ちぬべしと、かんがへさせ給《たま》ふ。

其上《そのうえ》『法華経《ほけきょう》』の実義《じつぎ》は宗々《しゅうしゅう》の人々《ひとびと》、我《われ》も得《え》たり得《え》たりと自讃《じさん》ありしかども其義《そのぎ》なし。此《これ》を申《もう》すならば喧嘩出来《けんかしゅったい》す

第九節　伝教大師と南都六宗

べし。もだし(黙)て申《もう》さずは佛誓《ぶっせい》にそむきなんと、をもひわづらはせ給《たま》ひしかども、終《つい》に佛《ほとけ》の戒《かい》をそれて桓武皇帝《かんむこうてい》に奏《そう》し給《たま》ひしかば、帝《みかど》此《こ》の事《こと》を、をどろかせ給《たま》ひて、六宗《ろくしゅう》の碩学《せきがく》に召《め》し合《あ》はせ給《たま》ふ。彼学者等《かのがくしゃとう》、始《はじ》めは慢幢山《まんどうやま》のごとし、悪心毒蛇《あくしんどくじゃ》のやうなりしかども、終《つい》に王《おう》の前《まえ》にしてせめをとされ、六宗《ろくしゅう》の七寺《しちじ》一同《いちどう》に御弟子《みでし》となりぬ。例《れい》せば漢土《かんど》の南北《なんぼく》の諸師《しょし》、陳殿《ちんでん》にして天台大師《てんだいだいし》にせめおとされて御弟子《みでし》となりしがごとし。此《こ》れはこれ円定《えんじょう》[24]・円慧《えんね》[24]計《ばか》りなり。

其《そ》の上天台大師《うえてんだいだいし》のいまだせめ給《たま》はざりし小乗《しょうじょう》の別受戒《べつじゅかい》をせめをとし、六宗《ろくしゅう》の八大徳《はちだいとく》に『梵網経《ぼんもうきょう》』の大乗別受戒《だいじょうべつじゅかい》をさづけ給《たま》ふのみならず、『法華経《ほけきょう》』の円頓《えんどん》の別受戒《べつじゅかい》[24]を叡山《えいざん》に建立《こんりゅう》せしかば、延暦円頓《えんりゃくえんどん》の別受戒《べつじゅかい》は日本第一《にほんだいいち》たるのみならず、佛滅後《ぶつめつご》一千八百余年が間《あいだ》、身毒《しんどく》[25]・尸那《しな》・一閻浮《いちえんぶ》

---

24 **円の戒定慧**　戒定慧とは仏道を修行するものが、修めるべき基本的な条項をいい、三学ともいう。戒とは戒律であり、身口意の三悪を止め善を修す。定は禅定を修めることであり、心の散乱を防ぎ安静にさせる法。智慧は煩悩を破り、すべての事柄の真実の姿を見きわめることをいう。円の戒定慧は法華経に基づく三学を指す。

25 **身毒**　インドのこと。

提《だい》にいまだなかりし霊山《りょうぜん》の大戒《だいかい》、日本国《にほんごく》に始《はじ》まる。

されば伝教大師《でんぎょうだいし》は其《そ》の功《こう》を論《ろん》ずれば、龍樹《りゅうじゅ》・天親《てんじん》にもこ(越)え、天台《てんだい》・妙楽《みょうらく》にも勝《すぐ》れてをはします聖人《しょうにん》なり。されば日本国《にほんごく》の当世《とうせい》の東寺《とうじ》、園城《おんじょう》、七大寺《しちだいじ》、諸国《しょこく》の八宗《はっしゅう》、浄《じょう》土《ど》・禅宗《ぜんしゅう》・律宗《りっしゅう》等《とう》の諸僧等《しょそうとう》、誰人《たれびと》か伝教大師《でんぎょうだいし》の円戒《えんかい》をそむ(背)くべき。かの漢土《かんど》九国《きゅうこく》の諸僧等《しょそうとう》は、円定《えんじょう》・円慧《えんね》は天台《てんだい》の弟子《でし》にに(似)たれども、円頓一同《えんどんいちどう》の戒場《かいじょう》は漢土《かんど》になければ、戒《かい》にをいては弟子《でし》とならぬ者もありけん。この日本《にほん》国《ごく》は伝教大師《でんぎょうだいし》の御弟子《みでし》にあらざる者《もの》は外道《げどう》なり、悪人《あくにん》なり。而《しかれ》ども漢土《かんど》・日本《にほん》の天台宗《てんだいしゅう》と真言《しんごん》の勝劣《しょうれつ》は、大師《だいし》心《しん》中《ちゅう》には存知《ぞんじ》せさせ給《たま》ひけれども、六宗《ろくしゅう》と天台宗《てんだいしゅう》とのごとく公場《こうじょう》にして勝負《しょうぶ》なかりけるゆへにや、伝教大師《でんぎょうだいし》已後《いご》には東寺《とうじ》、七寺《しちじ》、園城《おんじょう》の諸寺《しょじ》、日本一州一同《にほんいっしゅういちどう》に、真言宗《しんごんしゅう》は天台宗《てんだいしゅう》に勝《すぐ》れたりと、上一人《かみいちにん》より下万民《しもばんみん》にいたるまで、をぼしめし(思召)をもえり。しかれば天台法華宗《てんだいほっけしゅう》は伝教大《でんぎょうだい》師《し》の御時計《おんときばか》りにぞありける。此伝教《このでんぎょう》の御時《おんとき》は像法《ぞうぼう》の末《すえ》、『大《だい》集経《じっきょう》』の多造塔寺堅固《たぞうとうじけんご》の時《とき》なり。いまだ「於我法中闘諍言《おがほうちゅうとうじょうごん》訟白法隠没《じょうびゃくほうおんもつ》」の時《とき》にはあたらず。

今末法《いままっぽう》に入《いり》て二百余歳、『大集経《だいじっきょう》』の「於我法中闘諍言《おがほうちゅうとうじょうごん》訟白法隠没《じょうびゃくほうおんもつ》」の時《とき》にあたれり。佛語《ぶつご》まことならば、定《さだ》めて一閻浮提《いちえんぶだい》に闘諍起《とうじょうおこ》るべき時節《じせつ》なり。伝《つた》へ聞《き》く、漢土《かんど》は三百六十箇国二百六十余州はすでに蒙古国《もうここく》に打《う》ちやぶられぬ。華洛《からく》すでにやぶられて、徽宗《きそう》*・欽宗《きんそう》*の両帝《りょうてい》、北蕃《ほくばん》[26]にいけとり(生捕)にせられて、韃靼《だったん》[27]にして終《つい》にかくれ(崩御)させ給《たま》ひぬ。徽宗《きそう》の孫《まご》、高宗皇帝《こうそうこうてい》*は、長安《ちょうあん》をせめをとされて、田舎《いなか》の臨安行在府《りんあんあんざいふ》[28]に落《お》ちさせ給《たま》ひて、今《いま》に数年《すうねん》が間《あいだ》

26 **北蕃**　中国北方の民族。蒙古族のこと。

27 **韃靼**　蒙古系一部族の呼称であるが、蒙古族全体を指す。ここでは蒙古族の本拠地の意味。

28 **臨安行在府**　南宋時代の浙江省杭州を指す名称。金の攻勢により宋は首都を移した。

②-30　②-18　⑪-4　㉑-3

京《みやこ》を見《み》ず。高麗《こうらい》六百余国も新羅《しらぎ》・百済《くだら》等《とう》の諸国等《しょこくとう》も、皆大《みなだい》蒙古国《もうここく》の皇帝《こうてい》にせめられぬ。今《いま》の日本国《にほんごく》の壱岐《いき》、対馬《つしま》並《ならび》に九国《きゅうこく》のごとし。闘諍堅固《とうじょうけんご》の佛語《ぶつご》地《ち》に堕《お》ちず。あたかも(恰)これ、大海《たいかい》のしを(潮)の時《とき》をたがへ(違)ざるがごとし。

是《これ》をもつて案《あん》ずるに『大集経《だいじっきょう》』の白法隠没《びゃくほうおんもつ》の時《とき》に次《つい》で、『法華経《ほけきょう》』の大白法《だいびゃくほう》の日本国《にほんごく》並《ならび》に一閻浮提《いちえんぶだい》に広宣流布《こうせんるふ》せん事《こと》も疑《うたが》うべからざるか。彼《か》の『大集経《だいじっきょう》』は佛説《ぶっせつ》の中《なか》の権大《ごんだい》乗《じょう》ぞかし。生死《しょうじ》をはなるる道《みち》には、『法華経《ほけきょう》』の結縁《けちえん》なき者《もの》のためには、「未顕真実《みけんしんじつ》」なれども、六道《ろくどう》・四生《ししょう》[29]・三世《さんぜ》の事《こと》を記《き》し給《たま》ひけるは、寸分《すんぶん》もたがはざりけるにや。何《いか》に況《いわん》や、『法華経《ほけきょう》』は釈尊《しゃくそん》「要当説真実《ようとうせつしんじつ》」となのらせ給《たま》ひ、多宝《たほう》佛《ぶつ》は「真実《しんじつ》なり」と御判《ごはん》をそ(添)へ、十方《じっぽう》の諸佛《しょぶつ》は広長舌《こうちょうぜつ》を梵天《ぼんてん》につけて誠諦《じょうたい》[30]と指《さ》し示《しめ》し、釈尊《しゃくそん》は重《かさ》ねて無虚妄《むこもう》の舌《した》

29　**四生**　生物の生まれ方。
卵生…卵から生まれる。
胎生…人や獣のように、親の胎から生まれる。
湿生…虫類の中には湿ったところから生まれる。
化生…天上界の生物で、何もない所から生まれる。

30　**誠諦**　真実であること。

㉑—13 を色究竟《しきくきょう》[31]に付《つ》けさせ給《たま》ひて、後五百歳に一切《いっさい》の佛法《ぶっぽう》の滅《めっ》せん時《とき》、㉑—1 上《じょう》(浄)行《ぎょう》菩《ぼ》薩《さつ》[32]に妙法蓮華経《みょうほうれんげきょう》の五字《ごじ》をもた(持)しめて、謗法一闡提《ほうぼういっせんだい》の白癩病《びゃくらいびょう》の輩《ともがら》の良薬《ろうやく》とせんと、梵《ぼん》・帝《たい》・日月《にちがつ》・四天《してん》・龍神等《りゅうじんとう》に仰《おお》せつけられし金言《きんげん》、虚妄《こもう》なるべしや。大地《だいち》は反覆《ほんぷく》すとも、高山《こうざん》は頽落《たいらく》すとも、春《はる》の後《のち》に夏《なつ》は来《きた》らずとも、日《ひ》は東《ひがし》へかへるとも、月《つき》は地《ち》に落《おち》るとも、此《こ》の事《じ》は一定《いちじょう》なるべし。

此《こ》の事《じ》一定《いちじょう》ならば闘諍堅固《とうじょうけんご》の時《とき》日本国《にほんごく》の王臣《おうしん》と並《ならび》に万民等《ばんみんとう》が、佛《ほとけ》の御使《おんつかい》として南無《なむ》妙法蓮華経《みょうほうれんげきょう》を流布《るふ》せんとするを、或《あるい》は罵詈《めり》し、或《あるい》は悪口《あっく》し、或《あるい》は流罪《るざい》し、或《あるい》は杖《ちょう》擲《ちゃく》し、弟子《でし》・眷属等《けんぞくとう》を種々《しゅじゅ》の難《なん》にあわする人々《ひとびと》、いかでか安穏《あんのん》にては候《そうろう》べき。これをば愚痴《ぐち》の者《もの》は呪詛《じゅそ》すとをもひぬべし。『法華経《ほけきょう》』をひろむる者《もの》は、日本《にほん》の一切衆生《いっさいしゅじょう》の父母《ふぼ》な

31 **色究竟** 色界の頂点。

32 **上行菩薩** 真蹟においては浄行菩薩と記載されている。ここは昭和底本による。

第十一節 法華経の行者の受難

涅槃経疏

り。章安大師《しょうあんだいし》*云《いわ》く、

「彼《かれ》が為《ため》に悪《あく》を除《のぞ》くは即《すなわ》ち是《こ》れ彼《かれ》が親《おや》なり」等云云《とううんぬん》。

されば日蓮《にちれん》は当帝《とうだい》の父母《ふぼ》、念佛者《ねんぶつしゃ》・禅衆《ぜんしゅ》・真言師等《しんごんしとう》が師範《しはん》なり、又主君《またしゅくん》なり。

而《しか》るを上一人《かみいちにん》より下万民《しもばんみん》にいたるまで、あだ(怨)をなすをば、日月《にちがつ》いかでか彼等《かれら》が頂《いただき》を照《てら》し給《たま》ふべき。地神《ちじん》いかでか彼等《かれら》の足《あし》を戴《の》せ給《たま》ふべき。提婆達多《だいばだった》、佛《ほとけ》を打《う》ちたてまつりしかば、大地揺動《だいちようどう》して火炎《かえん》いでにき。檀弥羅王《だんみらおう》*、師子尊者《ししそんじゃ》の頭《こうべ》を切《き》りしかば右《みぎ》の手《て》、刀《かたな》とともに落《お》ちぬ。徽宗皇帝《きそうこうてい》、法《ほう》道《どう》が面《かお》にかなやき(火印)をやきて江南《こうなん》にながせしかば、半年《はんとし》が内《うち》にえびす(夷人)の手《て》にかゝり給《たま》ひき。蒙古《もうこ》のせめ(責)も又《また》かくのごとくなるべし。設《たと》ひ五天《ごてん》[33]のつわもの(兵)をあつめて、鉄囲山《てっちせん》を城《しろ》とせりともかなうべからず。必《かなら》ず

33 **五天**　インド全土。

⑩-9

⑩-15

日本国《にほんごく》の一切衆生《いっさいしゅじょう》兵難《ひょうなん》に値《あ》うべし。されば日蓮《にちれん》が法華経《ほけきょう》の行者《ぎょうじゃ》にてあるなき(有無)かはこれにて見《み》るべし。

教主釈尊《きょうしゅしゃくそん》記《き》して云《いわ》く、

「末代悪世《まつだいあくせ》に『法華経《ほけきょう》』を弘通《ぐづう》するものを悪口罵詈《あっくめり》等《とう》せん人は、我《われ》を一劫《いっこう》が間《あいだ》、あだせん者《もの》の罪《つみ》にも百千万億倍《ひゃくせんまんのくばい》すぎたるべし」と、と(説)かせ給《たま》へり。

而《しか》るを今《いま》の日本国《にほんごく》の国主《こくしゅ》・万民等《ばんみんとう》、雅意《がい》[34]にまかせて父母《ふぼ》宿世《すくせ》の敵《かたき》よりもいたくにく(憎)み、謀反《むほん》・殺害《さつがい》の者《もの》よりもつよくせめ(責)ぬるは、現身《げんしん》にも大地《だいち》われ(破)て入《い》り、天雷《てんらい》も身《み》をさか(裂)ざるは不審《ふしん》なり。日蓮《にちれん》が法華経《ほけきょう》の行者《ぎょうじゃ》にてあらざるか。もししからば、をゝきになげか(歎)し、今生《こんじょう》には万人《ばんにん》にせめ(責)られて片時《かたとき》もやすからず、後生《ごしょう》には悪道《あくどう》に堕《おち》ん事《こと》あさましとも申《もう》すばかりなし。

34 **雅意** 本来は高尚な意志、相手の意志を尊敬するという意味だが、本文では我意の意味。我が儘な心。

⑩―14　⑰―5

⑭―66

又日蓮《またにちれん》、法華経《ほけきょう》の行者《ぎょうじゃ》ならずば、いかなる者《もの》の一乗《いちじょう》の持者《じしゃ》にてはあるべきぞ。法然《ほうねん》が『法華経《ほけきょう》』をなげすて(抛)よ」、善導《ぜんどう》が「千中無一《せんちゅうむいち》」、道綽《どうしゃく》が「未有一人得者《みういちにんとくしゃ》」と申《もう》すが法華経《ほけきょう》の行者《ぎょうじゃ》にて候《そうろう》べき。又弘法大師《またこうぼうだいし》*の云《いわ》く、『法華経《ほけきょう》』を行《ぎょう》ずるは戯論《けろん》なり」と、かかれたるが法華経《ほけきょう》の行者《ぎょうじゃ》なるべきか。

経文《きょうもん》には「能持是経《のうじぜきょう》」「能説此経《のうせつしきょう》」なんどこそと(説)かれて候《そうら》へ。よくと(説)くと申《もう》すは、いかなるぞと申《もう》すに「於諸《おしょ》経中最在其上《きょうちゅうさいざいごじょう》」と申《もう》して、『大日経《だいにちきょう》』・『華厳経《けごんぎょう》』・『涅槃《ねはん》経《ぎょう》』・『般若経《はんにゃきょう》』等《とう》に『法華経《ほけきょう》』はすぐれて候《そうろう》なりと申《もう》す者をこそ、経文《きょうもん》には法華経《ほけきょう》の行者《ぎょうじゃ》とは、とかれて候《そうら》へ。もし経文《きょうもん》のごとくならば、日本国《にほんごく》に佛法《ぶっぽう》わたて七百余年、伝《でん》教大師《ぎょうだいし》と日蓮《にちれん》とが外《ほか》は、一人《いちにん》も法華経《ほけきょう》の行者《ぎょうじゃ》はなきぞか

㉖—22
⑭—7

し。いかにいかにと、をもうところに「頭破作七分《ずはさしちぶん》」「口則《くそく》閉塞《へいそく》」のなかりけるは、道理《どうり》にて候《そうらい》けるなり。此等《これら》は浅《あさ》き罰《ばち》なり。但一人二人等《ただいちにんににんとう》のことなり。日蓮《にちれん》は閻浮第一《えんぶだいいち》の法華《ほけ》経《きょう》の行者《ぎょうじゃ》なり。此《これ》をそしり、此《これ》をあだ(怨)む人を結構《けっこう》せん人は、閻浮第一《えんぶだいいち》の大難《だいなん》にあうべし。これは日本国《にほんごく》をふりゆるが(振揺)す正嘉《しょうか》の大地震《だいじしん》、一天《いってん》を罰《ばっ》する文永《ぶんえい》の大彗星等《だいすいせいとう》なり。此等《これら》をみよ、佛滅後《ぶつめつご》の後《のち》、佛法《ぶっぽう》を行《ぎょう》ずる者にあだ(怨)をなすといえども、今《いま》のごとくの大難《だいなん》は一度《ど》もなきなり。南無妙法蓮華経《なむみょうほうれんげきょう》と一切衆生《いっさいしゅじょう》にすゝめたる人、一人《いちにん》もなし。此《こ》の徳《とく》はたれか一天《いってん》に眼《まなこ》を合《あわ》せ、四海《しかい》に肩《かた》をならぶべきや。

コラム2　『撰時抄』十宗概略

『撰時抄』は、日蓮聖人の仏教史が示されています。インドにおける仏教教団の展開。中国の南三北七。日本の南都六宗、平安二宗、鎌倉仏教。『大集経』の五五百歳の経説に基づき、正像末の仏教教団の展開を、インド、中国、日本と仏教東漸を示されています。

南都六宗などは、仏教史を学ぶにあたりよく耳にする言葉です。しかし、この六宗を一つ一つ指おって数えてみると、案外詰まってしまうのではないでしょうか。またその教義を尋ねますと、首を傾げてしまうかと思います。

そこでこのコラムでは、南都六宗、平安二宗、禅宗、浄土宗の概略を掲載します。

南都六宗　なんとろくしゅう

三論宗　さんろんしゅう

龍樹《りゅうじゅ》の『中論《ちゅうろん》』『十二門論《じゅうにもんろん》』と、提婆《だいば》の『百論《ひゃくろん》』に基づいて成り立つ宗。鳩摩羅什《くまらじゅう》により三論は訳され、以来その弟子に研究される。日本には飛鳥時代に伝来した。これらの三論は『般若経《はんにゃきょう》』の空の思想を論じた書である。生・滅の両極端に依らず中道を説き、あらゆるもの（一切《いっさい》）は因を縁から生じ（因縁生法《いんねんしょうほう》）、それ自体には固有の本性は無い、空（一切法空《いっさいほうくう》）であると説く。「一切法空《いっさいほうくう》」により外道の論議を破折する。

成実宗　じょうじつしゅう

鳩摩羅什《くまらじゅう》訳の『成実論《じょうじつろん》』を研究する学派。『成実論《じょうじつろん》』は、「真実を完成する論」という意味を持つ。空と対立する説一切有部《せついっさいうぶ》（本性《ほんしょう》の実有《じつう》を認める）を批判し、四諦八正道《したいはっしょうどう》を説く。日本において『成実論《じょうじつろん》』の研究は、他の経典や論に付随して行われたため、独立した宗派とはいえない。

倶舎宗　くしゃしゅう

玄奘《げんじょう》の『倶舎論《くしゃろん》』を中心にして、説一切有部《せついっさいうぶ》（本性《ほんしょう》の実有《う》を認める）の教義を研鑽する学派。有部《うぶ》は空と対立するが、仏教教理入門としてはその重要性は減じない。ただし倶舎宗《くしゃしゅう》は、唯識法相宗《ゆいしきほっそうしゅう》の学問に付随して行われたのであり、独立の宗派ではない。

法相宗　ほっそうしゅう

『解深密経《げじんみっきょう》』『成唯識論《じょうゆいしきろん》』など六経十一論を所依とし、中国唐代の玄奘《げんじょう》が伝え、慈恩大師《じおんだいし》が開いた。唯識《ゆいしき》（あらゆる存在はただ（唯）心（識）にすぎないという見解）の立場から諸法のあり方（法の相）を分析して究明する。南都六宗の中の中心であり、勢力も盛んであった。一乗方便、三乗真実の立場をとる。

律宗　りっしゅう

『四分律《しぶんりつ》』など戒律を受持し成仏を目指す。奈良・飛鳥時代、僧になるためには、東大寺などの戒壇院《かいだんいん》において、受戒の必要があったため大いに研究される。また別教団として、『大日経《だいにちきょう》』を依り所とした真言律宗がある。

華厳宗　けごんしゅう

『華厳経《けごんぎょう》』を依り所とする宗。中国の随、初唐時代（六世紀後半）に成立し、朝鮮半島、日本と東アジア全域に影響を及ぼす。歴史の長さ、範囲の広域さゆえに教義は、それぞれに独立、発展し一定しない。日本においては、東大寺の建立に影響を与え、後に密教思想とも結合した。時代的、地域的に教義は大きな変容があるが、華厳宗自身の教えとして円教がある。その根本的特徴は、事物・事象がたがいに障げなく交流・融合する「一切即一《いっさいそくいつ》　一即一切《いっそくいっさい》」の縁起がある。

平安二宗　へいあんにしゅう

天台宗　てんだいしゅう

中国天台宗は隋代初頭に、智者大師智顗《ちしゃだいしちぎ》により開宗された。智顗《ちぎ》は諸経を総括し、『法華経《ほけきょう》』を最上と定めた。法華宗・天台法華宗・天台円宗とも称する。『法華玄義《ほっけげんぎ》』『法華文句《ほっけもんぐ》』により釈尊の一代聖経を講説し、『摩訶止観《まかしかん》』により観心の実践を講説した。唐代に入り天台宗は、玄奘の新訳などの影響により一時衰微したが、六祖妙楽大師湛然《みょうらくだいしたんねん》により、他宗との法論の結果、天台の玄旨いよいよ盛んとなり、勝れた弟子も多く輩出された。

日本天台宗の開祖伝教大師最澄《でんぎょうだいしさいちょう》は、六祖湛然《たんねん》の弟子達の時代に遣唐使として入唐した。日本への帰朝後は、円教と密教の布教につとめ、年分得度者《ねんぶんとくどしゃ》二名を獲得し、南都六宗との法論をへて、最澄《さいちょう》寂後、比叡山に円頓戒壇院《えんどんかいだんいん》を建立した。最澄《さいちょう》は天台円教を根幹においた、円密一致《えんみついっち》を説いたが、叡山三代慈《じ》覚大師円仁《かくだいしえんにん》座主より、密教に重きを置くようになった。密教中心となった叡山は、円教に一時立ち返った時期もあったが、阿弥陀信仰の隆盛もあり混迷を極め、鎌倉仏教の興隆を促した。

真言宗　しんごんしゅう

密宗、密家、大日宗とも呼ばれる。詳しくは真言陀羅尼《だらに》宗という。弘法大師《こうぼうだいし》空海《くうかい》が、密教の行法を唐より持ち帰り設立。『大日三部経《だいにちさんぶきょう》』を依り所とする。真言とは大日如来の心語意《しんごい》の三密《さんみつ》の語密《ごみつ》で、顕教《けんぎょう》では不可説の法身如来《ほっしんにょらい》の悟境《ごきょう》を説示するという意味。身に印契《いんげい》を結び、語に真言マントラを唱え、意に本尊大日如来を観じることで、三密《さんみつ》ともに大日如来と一体になり、即身成仏を目指す。

鎌倉二宗　かまくらにしゅう

浄土宗　じょうどしゅう

中国浄土宗の祖、曇鸞《どんらん》より阿弥陀信仰が始まる。『往生論《おうじょうろん》註《ちゅう》』において「難行道《なんぎょうどう》・易行道《いぎょうどう》」を立て、諸宗の修行は不成仏。阿弥陀念仏のみ成仏がなされると主張する。ここでの念仏は仏と浄土の姿を観想《かんそう》する念仏であった。中国、日本と諸師をかさね、鎌倉時代において法然《ほうねん》により、阿弥陀仏の名を称える称名念仏《しょうみょうねんぶつ》が主張される。末法において、諸宗の修行は有名無実であり、ただ念仏を称え、阿弥陀仏の慈悲にすがり極楽往生を願う。

禅宗　ぜんしゅう

心を落ち着ける禅定《ぜんじょう》は、禅宗の興隆以前に諸宗において行われていた。これにたいし禅宗は「不立文字《ふりゅうもんじ》　教外別伝《きょうげべつでん》」を立て、座禅のみをもっぱらとする。仏法の神髄は経典などの教理の追求ではなく、座禅弁道《ざぜんべんどう》により実践実究し、仏道を頓証《とんしょう》することを目的とする。従って依り所とする経典はなく、また釈尊よりの以心伝心《いしんでんしん》を主張するため教判の説もない。

疑《うたが》つて云《いわ》く、設《たと》ひ正法《しょうぼう》の時《とき》は佛《ほとけ》の在世《ざいせ》に対《たい》すれば根機《こんき》劣《れつ》なりとも、像末《ぞうまつ》に対《たい》すれば最上《さいじょう》の上機《じょうき》なり。いかでか正《しょう》法《ぼう》の始《はじ》めに法華経《ほけきょう》をば用《もち》ひざるべき。随《したが》て馬鳴《めみょう》・龍樹《りゅうじゅ》*・提婆《だいば》・無著《むじゃく》*等《とう》も正法《しょうぼう》一千年の内《うち》にこそ出現《しゅつげん》せさせ給《たま》へ。天親菩薩《てんじんぼさつ》*は千部《せんぶ》の論師《ろんじ》、『法華論《ほっけろん》』を造《つく》りて諸経《しょきょう》の第一《だいいち》の義《ぎ》を存《そん》す。真諦三蔵《しんたいさんぞう》の相伝《そうでん》に云《いわ》く、

「月支《がっし》に法華経《ほけきょう》を弘通《ぐづう》せる家五十余家《いえごじゅうよけ》、天親《てんじん》は其一《そのいち》なり」

と。

已上正法《いじょうしょうぼう》なり。

像法《ぞうぼう》に入《いり》ては天台大師《てんだいだいし》*像法《ぞうぼう》の半《なかば》に漢土《かんど》に出現《しゅつげん》して、『玄《げん》』と『文《もん》』と『止《し》』との三十巻《さんじっかん》を造《つく》りて『法華経《ほけきょう》』の淵底《えんてい》を極《きわ》めたり。像法《ぞうぼう》の末《すえ》に伝教大師《でんぎょうだいし》*日本《にほん》に出現《しゅつげん》して、天台大《てんだいだい》師《し》の円慧《えんね》・円定《えんじょう》[2-24]の二法《にほう》を我朝《わがちょう》に弘通《ぐづう》せしむるのみなら

⑳―7

ず、円頓《えんどん》の大戒場《だいかいじょう》2―24を叡山《えいざん》に建立《こんりゅう》して、日本一州皆同《にほんいっしゅうみなおなじ》く円戒《えんかい》の地《ち》になして、上一人《かみいちにん》より下万民《しもばんみん》まで延暦寺《えんりゃくじ》を師範《しはん》と仰《あお》がせ給《たま》ふは、豈《あ》に像法《ぞうぼう》の時《とき》、『法華経《ほけきょう》』の広宣流布《こうせんるふ》にあらずや。

答《こた》へて云《いわ》く、如来《にょらい》の教法《きょうぼう》は必《かなら》ず機《き》に随《したが》ふという事《こと》は、世《せ》間《けん》の学者《がくしゃ》の存知《ぞんじ》なり。しかれども佛教《ぶっきょう》はしからず。上根《じょうこん》、上智《じょうち》の人《ひと》のために必《かなら》ず大法《だいほう》を説《と》くならば、初成道《しょじょうどう》の時《とき》なんぞ『法華経《ほけきょう》』をとかせ給《たま》はざる。正法《しょうぼう》の先《さき》五百余年に大《だい》乗経《じょうきょう》を弘通《ぐづう》すべし。有縁《うえん》の人《ひと》に大法《だいほう》を説《と》かせ給《たま》ふならば、浄飯大王《じょうぼんだいおう》*・摩耶夫人《まやぶにん》*に『観佛三昧経《かんぶつさんまいきょう》』・『摩耶経《まやきょう》』をとくべからず。無縁《むえん》の悪人《あくにん》・謗法《ほうぼう》の者に秘法《ひほう》をあたえずば、覚徳《かくとく》比丘《びく》*は無量《むりょう》の破戒《はかい》の者に『涅槃経《ねはんぎょう》』をさづくべからず。不《ふ》軽菩薩《きょうぼさつ》は誹謗《ひぼう》の四衆《ししゅ》に向《むか》つて、いかに『法華経《ほけきょう》』をば弘通《ぐづう》せさせ給《たま》ひしぞ。されば機《き》に随《したが》ひて法《ほう》を説《と》くと申《もう》すは大《おおい》なる僻見《びゃっけん》なり。

問《とう》て云《いわ》く、龍樹《りゅうじゅ》・世親《せしん》*等《とう》は『法華経《ほけきょう》』の実義《じつぎ》をば宣給《のべたま》はずや。

答《こた》へて云《いわ》く、宣給《のべたま》はず。

問《とう》て云《いわ》く、何《いか》なる教《おしえ》をか宣給《のべたま》ひし。

答《こた》へて云《いわ》く、『華厳《けごん》』・『方等《ほうどう》』・『般若《はんにゃ》』・『大日経《だいにちきょう》』等《とう》の権大《ごんだい》乗《じょう》・顕密《けんみつ》の諸経《しょきょう》をのべさせ給《たま》ひて、『法華経《ほけきょう》』の法門《ほうもん》をば宣《のべ》させ給《たま》はず。

問《とう》て云《いわ》く、何《なに》をもつてこれをしるや。

答《こた》へて云《いわ》く、龍樹菩薩《りゅうじゅぼさつ》の所造《しょぞう》の論三十万偈《ろんさんじゅうまんげ》。而《しかれ》ども尽《つ》くして漢土《かんど》、日本《にほん》にわたらざれば其心《そのこころ》しりがたしといえども、漢土《かんど》にわたれる『十住毘婆沙論《じゅうじゅうびばしゃろん》』・『中論《ちゅうろん》』・『大論《だいろん》』等《とう》をもつて、天竺《てんじく》の論《ろん》をも比知《ひち》して此《これ》を知《し》るなり。

疑《うたが》つて云《いわ》く、天竺《てんじく》に残《のこ》れる論《ろん》の中《なか》にわた(渡)れる論《ろん》よりも勝《すぐ》れたる論《ろん》やあるらん。

答《こた》へて云《いわ》く、龍樹菩薩《りゅうじゅぼさつ》の事《こと》は私《わたくし》に申《もう》すべからず。佛記《ほとけき》し給《たも》ふ、

「我滅後《わがめつご》に龍樹菩薩《りゅうじゅぼさつ》と申《もう》す人、南天竺《なんてんじく》に出《いず》べし。彼《かの》人の所詮《しょせん》は『中論《ちゅうろん》』という論《ろん》に有《あ》るべし」と佛記《ほとけき》し給《たま》ふ。

随《したがい》て龍樹菩薩《りゅうじゅぼさつ》の流《ながれ》、天竺《てんじく》に七十家《しちじっけ》あり。七十人ともに大論師《だいろんじ》なり。彼《か》の七十家《しちじっけ》の人々《ひとびと》は皆《みな》『中論《ちゅうろん》』を本《もと》とす。『中《ちゅう》論《ろん》』四巻二十七品《よかんにじゅうしちほん》の肝心《かんじん》は、「因縁所生法《いんねんしょしょうほう》[1]」の四句《しく》の偈《げ》なり。此《こ》の四句《しく》の偈《げ》は『華厳《けごん》』・『般若《はんにゃ》』等《とう》の四教三諦《しきょうさんたい》[2]の法門《ほうもん》なり。いまだ法華開会《ほっけかいえ》の三諦《さんたい》をば宣給《のべたま》はず。

疑《うたがい》て云《いわ》く、汝《なんじ》がごとくに料簡《りょうけん》せる人《ひと》ありや。

1　**因縁所生法**　「中論」の偈文。全ての物は因縁から生じるが、それがそのまま、有・空・中の真理にかなっているということ。

2　**四教三諦**　般若の四教三諦は、法華開会の三諦と比較すると、空にとらわれ中道実相にいたっていない。

答《こた》へて云《いわ》く、天台《てんだい》云《いわ》く、

法華玄義

『中論《ちゅうろん》』を以《もっ》て相比《あいひ》すること莫《なか》れ」

又云《またいわ》く、

摩訶止観

「天親《てんじん》・龍樹《りゅうじゅ》内鑒冷然《ないかんれいねん》[3]にして外《そと》は時《とき》の宜《よろ》しきに適《かな》う」等《とう》

云云《うんぬん》。

妙楽《みょうらく》*云《いわ》く、

法華玄義釈籤

「若《も》し破会《はえ》を論《ろん》ぜば、未《いま》だ法華《ほっけ》に若《し》かざる故《ゆえ》に」云云《うんぬん》。

従義《じゅうぎ》の云《いわ》く、

三大部補注

「龍樹《りゅうじゅ》・天親《てんじん》未《いま》だ天台《てんだい》に若《し》かず」云云《うんぬん》。

第二節　菩提心論と不空の邪見

問《と》て云《いわ》く、唐《とう》の末《すえ》に不空三蔵《ふくうさんぞう》*一巻《いっかん》の論《ろん》をわたす。其名《そのな》を『菩提心論《ぼだいしんろん》』となづく。龍猛菩薩《りゅうみょうぼさつ》*の造《ぞう》なり云云《うんぬん》。弘法大師《こうぼうだいし》云《いわ》く、

「此《こ》の論《ろん》は龍猛《りゅうみょう》千部《ぶ》の中《なか》の第一肝心《だいいちかんじん》の論《ろん》」と云云《うんぬん》。

3　**内鑒冷然**　心の中でよくわかっていること。

答《こた》へて云《いわ》く、此論《このろん》一部《いちぶ》七丁《しちちょう》あり。龍猛《りゅうみょう》の言《ことば》ならぬ事《こと》処々《しょしょ》に多《おお》し。故《ゆえ》に目録《もくろく》にも或《あるい》は龍猛《りゅうみょう》、或《あるい》は不空《ふくう》と両方《りょうほう》なり。いまだ事定《ことさだ》まらず。其上《そのうえ》、此論文《このろんもん》は一代《いちだい》を括《くく》れる論《ろん》にもあらず荒量《こうりょう》なる事此多《ことこれおお》し。先《ま》づ「唯真言法中《ゆいしんごんほうちゅう》」の肝心《かんじん》の文《もん》あやまりなり。其《そ》の故《ゆえ》は文証《もんしょう》・現証《げんしょう》ある『法華経《ほけきょう》』の即《そく》身成佛《しんじょうぶつ》をばなきになして、文証《もんしょう》も現証《げんしょう》も、あとかたもなき真言《しんごん》の経《きょう》に即身成佛《そくしんじょうぶつ》を立《た》て候《そうろう》。又《また》「唯《ゆい》」という「唯《ただ》」の一字《いちじ》は第一《だいいち》のあやまりなり。事《こと》のてい（体）を見るに、不空《ふくう》三蔵《さんぞう》の私《わたくし》につくりて候《そうろう》か。時《とき》の人にをも（重）くせさせんがために事《こと》を龍猛《りゅうみょう》によせたるか。

其《そ》の上《うえ》不空三蔵《ふくうさんぞう》は誤《あやま》る事《こと》かず（数）をほ（多）し。所謂《いわゆる》『法華経《ほけきょう》』の『観智《かんち》の儀軌《ぎき》』に寿量品《じゅりょうほん》を阿弥陀佛《あみだぶつ》とかける、眼《め》の前《まえ》の大僻見《だいびゃっけん》。陀羅尼品《だらにほん》を神力品《じんりきほん》の次《つぎ》にを（置）ける、属累品《ぞくるいほん》を経末《きょうまつ》に下《くだ》せる、此等《これら》はいうかひなし。さるかとみれば、天台《てんだい》の大乗戒《だいじょうかい》を盗《ぬす》みて、代宗皇帝《だいそうこうてい》*に宣旨《せんじ》を申《もう》し、五《ご》台山《だいさん》の五寺《ごじ》に立《た》てたり。而《しか》も又真言《またしんごん》の教相《きょうそう》には、天台宗《てんだいしゅう》をす(為)べしといえり。かたがた誑惑《おうわく》の事《こと》どもなり。

他人《たにん》の訳《やく》ならば用《もち》うる事《こと》もありなん。此人《このひと》の訳《やく》せる経論《きょうろん》は信《しん》ぜられず。惣《そう》じて月支《がっし》より漢土《かんど》に経論《きょうろん》をわた(渡)す人《ひと》、旧訳新訳《くやくしんやく》に一百八十六人なり。羅什三蔵《らじゅうさんぞう》*一人《いちにん》を除《のぞ》きては、いづれの人々《ひとびと》も誤《あやま》らざるはなし。其中《そのなか》に不空三蔵《ふくうさんぞう》は殊《こと》に誤《あやま》り多《おお》き上《うえ》、誑惑《おうわく》の心《こころ》顕《あらわ》なり。

疑《うたが》つて云《いわ》く、何《なに》をもつて知《し》るぞや。羅什三蔵《らじゅうさんぞう》より外《ほか》の人々《ひとびと》はあやま(誤)りなりとは。汝《なんじ》が禅宗《ぜんしゅう》・念佛《ねんぶつ》・真言等《しんごんとう》の七宗《しちしゅう》を破《やぶ》るのみならず、漢土《かんど》・日本《にほん》にわたる一切《いっさい》の訳者《やくしゃ》を用《もち》ひざるか、いかん。

答《こた》へて云《いわ》く、此事《このこと》は余《よ》が第一《だいいち》の秘事《ひじ》なり。委細《いさい》には向《むか》いて問《と》ふべし。但《ただ》しすこし申《もう》すべし。羅什三蔵《らじゅうさんぞう》の云《いわ》く、「我漢土《われかんど》の一切経《いっさいきょう》を見《み》るに、皆梵語《みなぼんご》のごとくならず。いかでか此事《このこと》を顕《あらわ》すべき。但《ただ》し一《ひと》つの大願《だいがん》あり。身《み》を不浄《ふじょう》になして妻《つま》を帯《たい》すべし。舌計《したばか》り清浄《しょうじょう》になして佛法《ぶっぽう》に妄語《もうご》せじ。我《われ》死《し》せば必《かならず》やくべし。焼《や》かん時、舌焼《したや》くるならば我経《わがきょう》をすてよ」と、常《つね》に高座《こうざ》にしてとかせ給《たま》ひしなり。

上一人《かみいちにん》より下万民《しもばんみん》にいたるまで、願《がん》して云《いわ》く、「願《ねが》わくは羅什三蔵《らじゅうさんぞう》より後《のち》に死《し》せん」と。

終《つい》に死《し》し給《たも》ふ後焼《のちや》きたてまつりしかば、不浄《ふじょう》の身《み》は皆灰《みなはい》となりぬ。御舌計《おんしたばか》り火中《かちゅう》に青蓮華《しょうれんげ》生《おい》て其上《そのうえ》にあり。五色《ごしき》[4]の光明《こうみょう》を放《はな》ちて夜《よる》は昼《ひる》のごとく、昼《ひる》は日輪《にちりん》の御光《ごこう》をうばい給《たま》ひき。さてこそ一切《いっさい》の訳人《やくにん》の経々《きょうぎょう》は軽《かる》くなりて、羅什三蔵《らじゅうさんぞう》

4　**五色**　青黄赤白黒の五色。中国の五行説にもとづく。

の訳《やく》し給《たま》へる経々《きょうぎょう》、殊《こと》に『法華経《ほけきょう》』は漢土《かんど》にやすやす（易々）とひろまり給《たま》ひしか。

疑《うたがい》て云《いわ》く、羅什《らじゅう》已前《いぜん》はしかるべし。已後《いご》の善無畏《ぜんむい》*・不空等《くうとう》は如何《いかん》。

答《こた》へて云《いわ》く、已後《いご》なりとも訳者《やくしゃ》の舌《した》の焼《やける》をば、誤《あやま》りありけりとしるべし。されば日本国《にほんごく》に法相宗《ほっそうしゅう》のはやり（流行）たりしを、伝教大師《でんぎょうだいし》責《せ》めさせ給《たま》ひしには、羅什三蔵《らじゅうさんぞう》は舌焼《したや》けず、玄奘《げんじょう》*・慈恩《じおん》*は舌焼《したや》けぬとせめさせ給《たま》ひしかば、桓武《かんむ》天王《てんのう》*は道理《どうり》とをぼして天台法華宗《てんだいほっけしゅう》へはうつ（移）らせ給《たま》ひしなり。『涅槃経《ねはんぎょう》』の第三《だいさん》・第九等《だいくとう》をみまいらすれば、「我佛法《わがぶっぽう》は月支《がっし》より他国《たこく》へわたらんの時《とき》、多《おお》くの謬誤《みょうご》出来《しゅったい》して衆生《しゅじょう》の得道《とくどう》うす（薄）かるべし」ととかれて候《そうろう》。

されば妙楽大師《みょうらくだいし》は、

法華文句記

「並《なら》びに進退《しんたい》は人《ひと》に在《あ》り、何《なん》ぞ聖旨《せいし》[5]に関《かか》わらん」とこそあそばされて候《そうら》へ。

今《いま》の人々《ひとびと》いかに経《きょう》のまゝに後世《ごせ》をねがうとも、あやまれる経々《きょうぎょう》のまゝにねが(願)はば、得道《とくどう》もあるべからず。しかればとても佛《ほとけ》の御《おん》とが(失)にはあらじ、と書《か》かれて候《そうろう》。佛《ぶっ》教《きょう》を習《なら》ふ法《ほう》には大小《だいしょう》・権実《ごんじつ》・顕密《けんみつ》はさてをく、これこそ第一《だいいち》の大事《だいじ》にては候《そうろう》らめ。

疑《うたがい》て云《いわ》く、正法《しょうぼう》一千年の論師《ろんじ》の内心《ないしん》には、『法華経《ほけきょう》』の実義《じつぎ》の顕密《けんみつ》の諸経《しょきょう》に超過《ちょうか》してあるよしは、しろしめ(知召)しながら、外《そと》には宣説《せんぜつ》せずして、但権大乗《ただごんだいじょう》計《ばか》りを宣《のべ》させ給《たま》ふことは、しかるべしとはをぼ(覚)へねども、其義《そのぎ》はすこしきこえ候《そうらい》ぬ。像法《ぞうぼう》一千年の半《なかば》に天台智者大師《てんだいちしゃだいし》出現《しゅつげん》して、題《だい》目《もく》の妙法蓮華経《みょうほうれんげきょう》の五字《ごじ》を『玄義《げんぎ》』十巻《じっかん》一千枚にかきつく

5　**聖旨**　仏の恩義のこと。

第三節　天台大師の弘通

し、『文句《もんぐ》』十巻《じっかん》には始《はじ》め「如是我聞《にょぜがもん》」より、終《おわ》り「作礼而去《さらいにこ》」にいたるまで、一字一句《いちじいっく》に因縁《いんねん》・約教《やっきょう》・本迹《ほんじゃく》・観心《かんじん》の四《よっ》つの釈《しゃく》をならべて、又一千枚《またいっせんまい》に尽《つく》し給《たま》ふ。已上《いじょう》『玄義《げんぎ》』・『文句《もんぐ》』の二十巻《にじっかん》には、一切経《いっさいきょう》の心《こころ》を江河《こうが》として『法華経《ほけきょう》』を大海《たいかい》にたとえ、十方界《じっぽうかい》の佛法《ぶっぽう》の露一滞《つゆいったい》も漏《もら》さず、妙法蓮華経《みょうほうれんげきょう》の大海《たいかい》に入《い》れさせ給《たま》いぬ。其上天竺《そのうえてんじく》の大論《だいろん》の諸義《しょぎ》一点《いってん》ももらさず、漢土南北《かんどなんぼく》の十師《じっし》[6]の義《ぎ》、破《は》すべきをばこれをは（破）し、取《と》るべきをば此《これ》を用《もち》ふ。其上《そのうえ》、『止観《しかん》』十巻《じっかん》を注《ちゅう》して一代《いちだい》の観門《かんもん》を一念《いちねん》にすべ（統）、十界《じっかい》の依正《えしょう》[7]を三千《さんぜん》につづめ（縮）たり。此《こ》の書《しょ》の文体《ぶんたい》は、遠《とお》くは月支《がっし》一千年の間《あいだ》の論師《ろんじ》にも超《こ》え、近《ちか》くは尸那《しな》五百年の人師《にんし》の釈《しゃく》にも勝《すぐ》れたり。

故《ゆえ》に三論宗《さんろんしゅう》の吉蔵大師《きちぞうだいし》*、南北《なんぼく》一百余人の先達《せんだつ》と長者《ちょうじゃ》らをすゝめて、天台大師《てんだいだいし》の講経《こうきょう》を聞《き》かんとする状《じょう》に云《いわ》く、

6　**南北の十師**　中国南北朝時代の江南三宗、河北七宗のこと。江南は三時教、四時教、五時教。河北は五時教、二教、四宗、五宗、六宗、二宗、一音教となる。

7　**依正**　依報と正報のことをいい、国土と衆生のことをいう。衆生（正報）がよりどころとする、国土（依報）の環境とのこと。

「千年の興《こう》、五百《ごひゃく》の実《じつ》、復今日《またこんにち》に在《あ》り。乃至《ないし》、南岳《なんがく》*の叡《えい》聖《しょう》、天台《てんだい》の明哲《めいてつ》、昔《むかし》は三業住持《さんごうじゅうじ》[8]し、今《いま》は二尊紹係《にそんしょうけい》[9]す。豈止甘露《あにただかんろ》を震旦《しんたん》[10]に灑《そそ》ぐのみならん。亦当《またまさ》に法鼓《ほうく》を天竺《てんじく》に震《ふる》うべし。生知《しょうち》の妙悟《みょうご》、魏《ぎ》・晋《しん》より以来《このかた》、典籍《てんせき》の風謡《ふうよう》[11]、実《まこと》に連類《れんるい》[12]無《な》し。乃至《ないし》、禅衆一百余《ぜんしゅいっぴゃくよ》の僧《そう》と共《とも》に、智者大師《ちしゃだいし》を奉請《ぶじょう》す」等云云《とううんぬん》。

終南山《しゅうなんざん》の道宣律師《どうせんりっし》*、天台大師《てんだいだいし》を讃歎《さんだん》して云《いわ》く、

「法華《ほっけ》を照了《しょうりょう》すること高輝《こうき》の幽谷《ゆうこく》に臨《のぞ》むが若《ごと》く、摩訶衍《まかえん》[13]を説《と》くこと、長風《ちょうふう》の大虚《だいこ》に遊《あそ》ぶに似《に》たり。仮令文字《たといもんじ》の師《し》、千群万衆《せんぐんばんしゅ》ありて、数《しばしば》彼《か》の妙弁《みょうべん》を尋《たず》ぬるとも、能《よ》く窮《きわ》むる者無《ものな》し。乃至《ないし》、義《ぎ》は月《つき》を指《さ》すに同《おな》じ。乃至《ないし》、宗《しゅう》は一極《いちごく》に帰《き》す」云云《うんぬん》。

華厳宗《けごんしゅう》の法蔵法師《ほうぞうほっし》*、天台《てんだい》を讃《さん》して云《いわ》く、

8　**三業住持**　三業とは身・口・意のはたらき、身と口と意のなす行為を指す。身に行うことと、口に言うことと、心に思うこと。この三つで一切の生活活動が尽くされる。住持は受けたもつこと。

9　**紹係**　受け継ぎ絶やさない。あとつぎ。

10　**震旦**　古代中国の呼称。統一王朝秦が梵語となり、再度漢訳される際に震旦と訳された。中国人は用いない。

11　**風謡**　世の中の人の心によく入るように説明して弘めること。

12　**蓮類**　同類。仲間。

13　**摩訶衍**　梵語の音写で大乗のこと。

「思禅師《しぜんじ》・智者等《ちしゃとう》の如《ごと》きは、神異《しんい》[14]に感通《かんつう》[15]して迹《あと》、登位《とうい》[16]に参《まじ》わる。霊山《りょうぜん》の聴法《ちょうぼう》、憶《おも》い今《いま》に在《あ》り」等云云《とううんぬん》。

真言宗《しんごんしゅう》の不空三蔵《ふくうさんぞう》・含光法師《がんこうほっし》*等《とう》、師弟共《していとも》に真言宗《しんごんしゅう》をすてて、天台大師《てんだいだいし》に帰伏《きぶく》する物語《ものがたり》に云《いわ》く、

『高僧伝《こうそうでん》』に云《いわ》く、不空三蔵《ふくうさんぞう》と親《まのあた》り天竺《てんじく》に遊《あそ》びたるに、彼《かしこ》に僧《そう》有《あ》り。問《と》うて曰《いわ》く、『大唐《だいとう》に天台《てんだい》の教迹《きょうしゃく》[17]有《あ》り。最《もっと》も邪正《じゃしょう》を簡《えら》び、偏円《へんえん》[18]を暁《あきら》むるに堪《た》えたり。能《よ》く之《これ》を訳《やく》して将《まさ》に此土《このど》に至《いた》らしむべきや』等云云《とううんぬん》。

此物語《このものがたり》は、含光《がんこう》が妙楽大師《みょうらくだいし》にかたり(語)給《たま》ひしなり。妙《みょう》楽大師《らくだいし》此物語《このものがたり》を聞《きい》て云《いわ》く、

「豈中国《あにちゅうごく》に法《ほう》を失《うしな》いて、之《これ》を四維《しい》に求《もと》むるに非《あら》ずや。而《しか》も此方《このほう》に識《し》ること有《あ》る者少《ものすく》なし。魯人《ろひと》[19]の如《ごと》きのみ」等云云《とううんぬん》。

身毒国《しんどくこく》の中《なか》に天台三十巻《てんだいさんじっかん》のごとくなる大論《だいろん》あるならば、南《なん》

---

14 **神異** 不思議なはたらきという意味で、すなわち仏様のお力のこと。

15 **感通** 信仰・祈祷が具体的効験を表すこと。

16 **等位** 行いが円教の初住、別教の初地の位、登位にあるということ。

17 **教迹** 教化という行為のあと。仏の唯一なる真理を本とし、それを説いた種々の説法、経典を教迹とする。

18 **偏円** 偏った教えと正しい教え。

19 **魯人** 魯の人。孔子の隣家に住む人で、孔子が聖人であることを知らず疎略にし、孔子を世間知らずと言い放った。

天《てん》の僧《そう》、いかでか漢土《かんど》の天台《てんだい》の釈《しゃく》をねがうべき。これあに像法《ぞうぼう》の中《なか》に『法華経《ほけきょう》』の実義《じつぎ》顕《あらわ》れて、南閻浮提《なんえんぶだい》に広宣流布《こうせんるふ》するにあらずや。

答《こた》へて云《いわ》く、正法《しょうぼう》一千年、像法《ぞうぼう》の前《ぜん》四百年、已上佛滅後《いじょうぶつめつご》一千四百余年に、いまだ論師《ろんじ》の弘通《ぐづう》し給《たま》はざる一代超過《いちだいちょうか》の円定《えんじょう》・円慧《えんね》を漢土《かんど》に弘通《ぐづう》し給《たま》ふのみならず、其聲月氏《そのながっし》までもきこえぬ。『法華経《ほけきょう》』の広宣流布《こうせんるふ》にはにたれども、いまだ円頓《えんどん》の戒壇《かいだん》を立《た》てられず。小乗《しょうじょう》の威儀《いぎ》をもつて円《えん》の慧《え》・定《じょう》に切《き》りつけるは、すこし便《たより》なきににたり。例《れい》せば日輪《にちりん》の蝕《しょく》するがごとし、月輪《がつりん》のかけたるににたり。何《いか》にいわうや天台《てんだい》大師《だいし》の御時《おんとき》は、『大集経《だいじっきょう》』の読誦多聞堅固《どくじゅたもんけんご》の時《とき》にあひあたつて、いまだ広宣流布《こうせんるふ》の時《とき》にあらず。

問《と》うて云《いわ》く、伝教大師《でんぎょうだいし》は日本国《にほんごく》の士《ひと》なり。桓武《かんむ》の御宇《ぎょう》に出《しゅつ》

第四節　伝教大師の弘通

世《せ》して欽明《きんめい》*より二百余年が間《あいだ》の邪義《じゃぎ》をなんじやぶ(難破)り、天台大師《てんだいだいし》の円慧《えんね》・円定《えんじょう》を撰《せん》し給《たま》ふのみならず、鑑真和尚《がんじんわじょう》*の弘通《ぐづう》せし日本小乗《にほんしょうじょう》の三処《さんしょ》の戒壇《かいだん》[20]をなんじやぶ(難破)り、叡山《えいざん》に円頓《えんどん》の大乗別受戒《だいじょうべつじゅかい》を建立《こんりゅう》せり。此《こ》の大事《だいじ》は佛滅後《ぶつめつご》一千八百年が間《あいだ》の身毒《しんどく》・尸那《しな》・扶桑《ふそう》乃至《ないし》一閻浮提《いちえんぶだい》第一《だいいち》の奇事《きじ》なり。内証《ないしょう》は龍樹《りゅうじゅ》・天台等《てんだいとう》には或《あるい》は劣《おと》るにもや、或《あるい》は同《おな》くもやあるらん。佛法《ぶっぽう》の人《ひと》をすべ(統)て一法《いっぽう》となせる事《こと》は、龍樹《りゅうじゅ》・天親《てんじん》にもこえ(超)、南岳《なんがく》・天台《てんだい》にもすぐ(勝)れて見《み》えさせ給《たま》ふなり。惣《そう》じては如来御入滅《にょらいごにゅうめつ》の後《のち》一千八百余年が間《あいだ》、此二人《このふたり》こそ法華経《ほけきょう》の行者《ぎょうじゃ》にてはをはすれ。故《ゆえ》に『秀句《しゅうく》』に云《いわ》く、

「経《きょう》に云《いわ》く、『若《も》し須弥《しゅみ》を接《と》りて他方無数《たほうむしゅ》の佛土《ぶつど》に擲《な》げ置《お》かんも、亦未《またいま》だ為《こ》れ難《かた》しとせず。乃至《ないし》、若《も》し佛《ほとけ》の滅後《めつご》に悪《あく》

20　**三処の戒壇**　奈良の東大寺、下野の薬師寺、筑紫の観音寺の三つの戒壇。

世《せ》の中《なか》に於《おい》て、能《よ》く此経《このきょう》を説《と》かん。是《こ》れ則《すなわ》ち為《こ》れ難《かた》し』等《とう》云云《うんぬん》。此経《このきょう》を釈《しゃく》して云《いわ》く、『浅《あさ》きは易《やす》く深《ふか》きは難《かた》しとは釈《しゃ》迦《か》の所判《しょはん》なり。浅《あさ》きを去《さ》りて深《ふか》きに就《つ》くは丈夫《じょうぶ》の心《こころ》なり。天台大師《てんだいだいし》は釈迦《しゃか》に信順《しんじゅん》し、法華宗《ほっけしゅう》を助《たす》けて震旦《しんたん》に敷揚《ふよう》し、叡山《えいざん》の一家《いっけ》は天台《てんだい》に相承《そうじょう》し、法華宗《ほっけしゅう》を助《たす》けて日本《にほん》に弘《ぐ》通《づう》す』」云云《うんぬん》。

釈《しゃく》の心《こころ》は賢劫《げんごう》[21]第九《だいく》の減《げん》、人寿《にんじゅ》百歳の時《とき》[2-13]より、如来《にょらい》在世《ざいせ》五十年、滅後《めつご》一千八百余年が中間《ちゅうげん》に、高《たか》さ十六万八千由旬《ゆじゅん》、六百六十二万里《まんり》の金山《こんざん》を、有人《あるひと》五尺《ごしゃく》の小身《しょうしん》の手《て》をもつて、方一寸二寸《ほういっすんにすん》等《とう》の瓦礫《がりゃく》をにぎりて、一丁二丁《いっちょうにちょう》までなぐる(擲)がごとく、雀鳥《すずめ》のとぶよりもはやく鉄囲山《てっちせん》[22]の外《そと》へなぐる(擲)者《もの》はありとも、『法華経《ほけきょう》』を佛《ほとけ》のとかせ給《たま》ひしやうに説《と》かん人は、末法《まっぽう》にはまれ(殊)なるべし。

---

21 **賢劫**　賢なる長時間の意で、現在の一大劫の称。千仏・千五百仏など多くの賢人が出世して衆生を救う。

22 **鉄囲山**　仏教の世界説では、須弥山を中心に九山八海がこれを取り巻くが、その最も外側の鉄で出来た山をいう。大鉄囲、小鉄囲がある。

天台大師《てんだいだいし》・伝教大師《でんぎょうだいし》こそ佛説《ぶっせつ》に相似《そうじ》してとかせ給《たま》ひたる人にてをはすれとなり。天竺《てんじく》の論師《ろんじ》はいまだ『法華経《ほけきょう》』へゆきつき(行付)給《たま》はず。漢土《かんど》の天台已前《てんだいいぜん》の人師《にんし》は或《あるい》はすぎ(過)、或《あるい》はたら(足)ず。慈恩《じおん》・法蔵《ほうぞう》・善無畏《ぜんむい》等《とう》は東《ひがし》を西《にし》といい、天《てん》を地《ち》と申《もう》せる人々《ひとびと》なり。此等《これら》は伝教大師《でんぎょうだいし》の自讃《じさん》にはあらず。

去延暦《いぬるえんりゃく》二十一年正月十九日、高雄山《たかおさん》に桓武皇帝《かんむこうてい》行幸《ぎょうこう》なりて、六宗七大寺《ろくしゅうしちだいじ》の碩徳《せきとく》たる善議《ぜんぎ》・勝猷《しょうゆう》・奉基《ほうき》・寵忍《ちょうにん》・賢玉《けんぎょく》・安福《あんぷく》・勤操《ごんぞう》・修円《しゅえん》・慈誥《じこう》・玄耀《げんよう》・歳光《さいこう》・道証《どうしょう》・光証《こうしょう》・観敏《かんびん》等《とう》の十有余人、最澄法師《さいちょうほっし》と召《め》し合《あわ》せられて宗論《しゅうろん》ありしに、或《あるい》は一言《いちごん》に舌《した》を巻《まき》て二言三言《にごんさんごん》に及《およ》ばず、皆一同《みないちどう》に頭《こうべ》をかたぶ(傾)け、手《て》をあざ(叉)う。三論《さんろん》の二蔵《にぞう》・三時《さんじ》・三《さん》転法輪《てんぼうりん》、法相《ほっそう》の三時《さんじ》・五性《ごしょう》、華厳宗《けごんしゅう》の四教《しきょう》・五教《ごきょう》・根本枝《こんぽんし》末《まっ》・六相《ろくそう》十玄《じゅうげん》、皆《みな》大綱《たいこう》をやぶらる。例《れい》せば大屋《おおいえ》の棟梁《むなぎうつばり》のをれ(折)たるがごとし。十大徳《じゅうだいとく》の慢幢《まんどう》も倒《たお》れにき。

爾時《そのとき》天子《てんし》大《おおい》に驚《おどろ》かせ給《たま》ひて、同《どう》二十九日に弘世《ひろよ》・国道《くにみち》の両吏《りょうり》を勅使《ちょくし》として、重《かさ》ねて七寺《しちじ》六宗《ろくしゅう》に仰《おお》せ下《くだ》されしかば、各々《おのおの》帰伏《きぶく》の状《じょう》を載《の》せて云《いわ》く、

「窃《ひそか》に天台《てんだい》の玄疏《げんじょ》を見《み》れば、惣《そう》じて釈迦《しゃか》一代《いちだい》の教《おしえ》を括《くく》りて、悉《ことごと》く其《そ》の趣《おもむき》を顕《あらわ》すに通《つう》ぜざる所《ところ》なく、独《ひと》り諸宗《しょしゅう》に逾《こ》え殊《こと》に一道《いちどう》を示《しめ》す。其《そ》の中《なか》の所説《しょせつ》甚深《じんじん》の妙理《みょうり》なり。七箇《しちこ》の大寺《だいじ》、六宗《ろくしゅう》の学生《がくしょう》、昔《むかし》より未《いま》だ聞《き》かざる所《ところ》、曽《かつ》て未《いま》だ見《み》ざる所《ところ》なり。三論《さんろん》・法相《ほっそう》久年《くねん》の諍《あらそ》い、渙焉《かんえん》[23]として氷《こおり》のごとく釈《と》け、照然《しょうぜん》として既《すで》に明《あき》らかに、猶《なお》雲霧《うんむ》を抜《ひら》きて三光《さんこう》を見《み》るがごとし。聖徳《しょうとく》の弘化《ぐけ》より以降《このかた》、今《いま》に二百余年の間《あいだ》、講《こう》ずる所《ところ》の経《きょう》・論《ろん》其《そ》の数《かず》多《おお》し。彼此《ひし》理《り》を争《あらそ》えども

23　**渙焉**　美しく鮮やかなさま。ここでは晴れやかの意味。

其《そ》の疑《うたが》い未《いま》だ解《と》けず。而《しか》るに此《こ》の最妙《さいみょう》の円宗《えんしゅう》、猶未《なおいま》だ闡《せん》揚《よう》[24]せず。蓋《けだ》し以《もっ》て此間《このかん》の群生《ぐんじょう》、未《いま》だ円味《えんみ》に応《かなは》ざるか。伏《ふ》して惟《おもんみ》れば聖朝《せいちょう》久《ひさ》しく如来《にょらい》の付《ふ》を受《う》け、深《ふか》く純円《じゅんえん》の機《き》を結《むす》び、一妙《いちみょう》の義理《ぎり》始《はじ》めて乃《すなわ》ち興顕《こうけん》し、六宗《ろくしゅう》の学者《がくしゃ》初《はじ》めて至極《しごく》を悟《さと》る。謂《いい》つべし、此界《このかい》の含霊《がんれい》、今《いま》より後《のち》は悉《ことごと》く妙円《みょうえん》の船《ふね》に載《の》せ早《はや》く彼岸《ひがん》に済《わた》ることを得《う》ると。乃至《ないし》、善議《ぜんぎ》等《とう》、牽《ひ》かれて休運《きゅううん》[25]に逢《あ》いて乃《すなわ》ち奇詞《きし》[26]を閲《けみ》[27]す。深期《じんご》[28]に非《あらざ》るよりは何《なん》ぞ聖世《せいせい》[29]に託《たく》せんや」等云云《とううんぬん》。

彼漢土《かのかんど》の嘉祥《かじょう》等《とう》は、一百余人をあつめ(集)て天台大師《てんだいだいし》を聖人《しょうにん》と定《さだ》めたり。今日本《いまにほん》の七寺《しちじ》二百余人は、伝教大師《でんぎょうだいし》を聖人《しょうにん》とがう(号)したてまつる。佛《ほとけ》の滅後《めつご》二千余年に及《およ》んで両国《りょうこく》に聖人《しょうにん》二《に》人《にん》出現《しゅつげん》せり。其上《そのうえ》、天台大師《てんだいだいし》の未弘《みぐ》の円頓《えんどん》大戒《だいかい》を叡山《えいざん》に建立《こんりゅう》し給《たま》う。此《こ》れ豈《あ》に像法《ぞうぼう》の末《すえ》に『法華経《ほけきょう》』

24　**闡揚**　開き高く掲げること。転じて明らかに示すこと。

25　**休運**　めでたい巡り合わせ。

26　**奇詞**　珍しく優れた言葉。転じて普通と変わっている言葉。

27　**閲す**　世の中の正しい事柄を経験する。

28　**深期**　深い約束。

29　**聖世**　優れた天子の治める世。ここでは法華経に縁深い末法。

広宣流布《こうせんるふ》するにあらずや。

答《こた》へて云《いわ》く、迦葉《かしょう》*・阿難《あなん》*等《とう》の弘通《ぐづう》せざる大法《だいほう》を馬鳴《めみょう》・龍樹《りゅうじゅ》・提婆《だいば》・天親等《てんじんとう》の弘通《ぐづう》せる事《こと》、先《さき》の難《なん》に顕《あらわ》れたり。又《また》龍樹《りゅうじゅ》・天親等《てんじんとう》の流布《るふ》し残《のこ》し給《たま》へる大法《だいほう》、天台大師《てんだいだいし》の弘通《ぐづう》し給《たま》ふ事《こと》、又難《またなん》にあらわれぬ。又天台智者大師《またてんだいちしゃだいし》の弘通《ぐづう》し給《たま》はざる円頓《えんどん》の大戒《だいかい》を伝教大師《でんぎょうだいし》の建立《こんりゅう》せさせ給《たま》ふ事又顕然《ことまたけんねん》なり。但《ただ》し詮《せん》と不審《ふしん》なる事《こと》は、佛《ほとけ》は説《と》き尽《つ》くし給《たま》へども、佛滅《ぶつめつ》後《ご》に迦葉《かしょう》・阿難《あなん》・馬鳴《めみょう》・龍樹《りゅうじゅ》・無著《むじゃく》・天親《てんじん》、乃至《ないし》天台《てんだい》・伝《でん》教《ぎょう》のいまだ弘通《ぐづう》しましまさぬ最大《さいだい》の深秘《じんぴ》の正法《しょうぼう》、経文《きょうもん》の面《おもて》に現前《げんぜん》なり。此深法《このじんぼう》、今末法《いままっぽう》の始《はじ》め、五五百歳に一閻浮《いちえんぶ》提《だい》に広宣流布《こうせんるふ》すべきやの事《こと》、不審極《ふしんきわ》まり無《な》きなり。

コラム3 『撰時抄』引用論文概略

『撰時抄』において日蓮聖人は、諸宗の論文、注釈書を多く用いられています。

書名を知りながら、いかなる時代の、誰の撰述であり、どのような根拠で内容が述べられているか、調べることはなかなか無いかと思います。

このコラムでは、引用された書物の概略を掲載しました。

龍樹　りゅうじゅ

十住毘婆沙論　じゅうじゅうびばしゃろん

龍樹《りゅうじゅ》作、鳩摩羅什《くまらじゅう》訳。『華厳経《けごんぎょう》』の注釈書である本書は、三十五品からなり大乗菩薩行について説かれる。その三十五品中、「易行品第九《いぎょうほんだいく》」だけが、浄土思想の立場から重要視され、『華厳経《けごんぎょう》』の注釈書でありながら浄土教学者に珍重される。易行《いぎょう》とは大乗菩薩行に耐えかねる初心の修行者が三世諸仏、諸菩薩を称名し極楽往生を願うことと説かれる。

大智度論　だいちどろん

龍樹《りゅうじゅ》作、鳩摩羅什《くまらじゅう》訳。『中論《ちゅうろん》』ともいう。『摩訶般若波羅蜜《まかはんにゃはらみつ》経《きょう》』にたいする注釈書。大乗の智慧にのっとった、六波羅蜜実践を説く。空でも仮でもない論、中観《ちゅうかん》思想を述べる論書。

天台宗　てんだいしゅう

法華玄義　ほっけげんぎ

天台大師《てんだいだいし》智顗《ちぎ》が西暦五九三年に講説し、中国天台宗二祖章《しょう》安大師《あんだいし》灌頂《かんちょう》が記す。本書は『妙法蓮華経《みょうほうれんげきょう》』の玄旨を詳説したもので、天台三大部または法華三大部といわれるものの一つ。

法華文句　ほっけもんぐ

智顗《ちぎ》が説き、灌頂《かんちょう》が記す。法華三大部の一つ。『妙法蓮華《みょうほうれんげ》経《きょう》』の本文を解釈したもので、『法華玄義《ほっけげんぎ》』が『法華経《ほけきょう》』の総題を解釈したのに対し、本書は文々句々を註釈している。

摩訶止観　まかしかん

智顗《ちぎ》が説き、灌頂《かんちょう》が記す。法華三大部の一つ。『法華玄義《ほっけげんぎ》』・『法華文句《ほっけもんぐ》』により『法華経《ほけきょう》』の題目、文々句々を解説して行者に妙解を得させ、『止観《しかん》』により妙解を妙行に移す観心の方法を説く。

涅槃経疏　ねはんぎょうしょ

中国天台宗二祖 章安大師《しょうあんだいし》灌頂《かんちょう》の著。後に六祖湛然《たんねん》により再構成される。この『涅槃経《ねはんぎょう》』の注釈書は、天台大師《てんだいだいし》の影響を大きく受けている。

法華玄義釈籤　ほっけげんぎしゃくせん

中国天台宗六祖湛然《たんねん》の書。『法華玄義《ほっけげんぎ》』の注釈書。湛然《たんねん》が学徒に質問されたことを中心に書かれる。

法華文句記　ほっけもんぐき

中国天台宗六祖湛然《たんねん》の書。『法華文句《ほっけもんぐ》』の注釈書。

依憑集　えびょうしゅう

伝教大師《でんぎょうだいし》最澄《さいちょう》の著作。『依憑天台集《えびょうてんだいしゅう》』という。南都六宗並びに真言宗等の天台帰伏の史実を指摘し、法華天台宗独立を宣言している。

法華秀句　ほっけしゅうく

最澄《さいちょう》の撰。法相宗《ほっそうしゅう》の僧侶、徳一《とくいつ》との三一権実論争《さんいつごんじつろんそう》の中で最後に撰述されたもので、法華一乗を顕彰し、徳一《とくいつ》の謗難を破す。

守護国界章　しゅごこっかいしょう

最澄《さいちょう》の撰。略して『守護章《しゅごしょう》』ともいう。法相宗《ほっそうしゅう》の徳一《とくいつ》との論争の書であり、天台教学の注釈書ともいえる。国に天台誹謗の声を無くし、天台法華賛嘆の声をもって、七難を退散させるための書物であるので、守護国界と号された。

金剛頂経疏　こんごうちょうきょうしょ

慈覚大師《じかくだいし》円仁《えんにん》の撰。『金剛頂経《こんごうちょうきょう》』の注釈書。天台教学を用いつつ『金剛頂経《こんごうちょうきょう》』による現生成仏を期し秘密教、頓教《とんぎょう》であると主張する。

蘇悉地経疏　そしつじきょうしょ

円仁《えんにん》の撰。『蘇悉地経《そしつじきょう》』の注釈書。顕教を浅経とし、密教を深経とし、三密相応《さんみつそうおう》の密教の速疾成仏《そくしつじょうぶつ》に顕教は及ばないと主張する。

教時諍論　きょうじじょうろん

天台宗の安然《あんねん》の著。真言《しんごん》第一、禅宗《ぜんしゅう》第二、法華《ほっけ》第三、華厳《けごん》第四、三論《さんろん》第五、法相《ほっそう》第六、毘曇《びどん》第七、成実《じょうじつ》第八、倶舎《くしゃ》第九と高下を判した。

真言宗　しんごんしゅう

観智儀軌　かんちぎき

不空三蔵《ふくうさんぞう》の著作。正式には『成就妙法蓮華経王瑜伽観智《じょうじゅみょうほうれんげきょうおうゆがかんち》儀軌《ぎき》』という。不空《ふくう》訳とも伝えられるが、内容が天台の『法華《ほっけ》三昧行法《ざんまいぎょうほう》』と酷似している点から、『法華三昧行法《ほっけざんまいぎょうほう》』を知らなければ書けない儀軌であるため、不空《ふくう》の著作と思われる。内容は二十七品（提婆品を欠く）の大意などであるが、大日三部経を取り入れた行法である。また『添品法華経《てんぼんほけきょう》』にのっとった次第で書かれている。

菩提心論　ぼだいしんろん

不空《ふくう》の訳、もしくは著作。正確には『金剛頂瑜伽中発阿耨《こんごうちょうゆがちゅうほつあのく》多羅三藐三菩提心論《たらさんみゃくさんぼだいしんろん》』という。三密による即身成仏を説く。

十住心論　じゅうじゅうしんろん

弘法大師空海《こうぼうだいしくうかい》の代表的著述。『秘密曼荼羅十住心論《ひみつまんだらじゅうじゅうしんろん》』ともいう。一代仏教の勝劣を判定して、第一真言《しんごん》・第二華厳《けごん》・第三法華《ほっけ》としている。

二教論　にきょうろん

空海《くうかい》の著述。『弁顕密二教論《べんけんみつにきょうろん》』ともいい、『法華経《ほけきょう》』は第四熟《じゅく》蘇味《そみ》であるといい、中国の学者たちは争って真言の第五醍醐味《だいごみ》を盗んで、おのおの自宗の教理を高めたと主張する。

秘蔵宝鑰　ひぞうほうやく

空海《くうかい》の著述。『十住心論《じゅうじゅうしんろん》』の要約。菩提心の発展の段階を述べた書であり、密教最勝を論証している。

浄土宗　じょうどしゅう

往生論註　おうじょうろんちゅう

中国浄土宗の一祖曇鸞《どんらん》の撰。『浄土論註《じょうどろんちゅう》』とも称する。世親《せしん》の『往生論《おうじょうろん》』にたいする注釈書。まず龍樹《りゅうじゅ》の『十住毘婆沙《じゅうじゅうびばしゃ》論《ろん》』の易行品《いぎょうほん》の文をひいて難易二道《なんいにどう》の教判を立て、易行道《いぎょうどう》が浄土門《じょうどもん》であることを示す。ついで外道・凡夫・十悪五逆の悪人であっても、正法誹謗をなさなければ極楽往生できると主張する。そして即得菩提の根拠としては阿弥陀仏の本願力にあると述べ、『無量寿経《むりょうじゅきょう》』の四十八願中、

第十八願

「たとい、われ仏《ほとけ》となるを得《え》んとき、十方《じっぽう》の衆生《しゅじょう》、至心《ししん》に信《しん》楽《ぎょう》して、わが国《くに》に生《う》まれんと欲《ほっ》して、乃至十念《ないしじゅうねん》せん。もし、生《う》まれずんば正覚《しょうがく》を取《と》らじ。ただ、五逆《ごぎゃく》と正法《しょうぼう》を誹謗《ひぼう》するものを除《のぞ》かん」

第十一願

「たとい、われ仏《ほとけ》となるを得《え》んとき、国中《こくじゅう》の人《にん》・天《てん》、定聚《ていじゅ》に住《じゅう》し、必《かなら》ず滅度《めつど》に至《いた》らずんば、正覚《しょうがく》を取《と》らじ」

第二十二願

「たといわれ仏《ほとけ》をえんとき、他方《たほう》の仏土《ぶつど》のもろもろの菩薩衆《ぼさつしゅ》、わが国《くに》に来生《らいしょう》せば、究竟《くきょう》して、必《かなら》ず、一生補処《いっしょうふしょ》に至《いた》らしめん。その本願《ほんがん》、自在《じざい》に化《け》せんとするところの、衆生《しゅじょう》のための

ゆえに、弘誓《ぐせい》の鎧《よろい》を被《かぶ》り、徳本《とくほん》を積累《しゃくるい》し、一切《いっさい》を度脱《どだつ》し、諸仏《しょぶつ》の国《くに》に遊《あそ》んで、菩薩《ぼさつ》の行《ぎょう》を修《しゅ》し、十方《じっぽう》もろもろの仏《ほとけ》・如来《にょらい》を供養《くよう》し、恒沙《ごうじゃ》の無量《むりょう》の衆生《しゅじょう》を開化《かいけ》して、無上正真《むじょうしょうしん》の道《どう》に立《りゅう》せしめ、常倫《じょうりん》に超出《ちょうしゅつ》して、諸地《しょじ》の行現前《ぎょうげんぜん》し、普《ふ》賢《げん》の徳《とく》を修習《しゅしゅう》せんものを除《のぞ》く。もし、しからずんば、正覚《しょうがく》を取《と》らじ」

の三願をもって他力念仏往生の証としている。本書は中国、日本浄土宗に大きな影響を与えた。

安楽集　あんらくしゅう

中国浄土宗の二祖道綽《どうしゃく》の撰。『観無量寿経《かんむりょうじゅきょう》』を中心に浄土三部経の要義を述べ、西方極楽往生を勧める書である。教・機・時より浄土教に帰することを勧め、往生浄土にたいする反論を破す。龍樹《りゅうじゅ》の難行道《なんぎょうどう》・易行道《いぎょうどう》の教判をあげて自力他力を分別し、一代聖経を聖《しょう》道門《どうもん》・浄土門《じょうどもん》に分ける。そして聖《しょう》道門《どうもん》は難行道《なんぎょうどう》であり末法の機には適さず、浄土門《じょうどもん》は易行《いぎょう》道《どう》であり末法の機に適すと論じ、阿弥陀仏に帰依し、仏名を称して極楽往生すべきことを勧めている。念仏のみが末法における仏道であることを主張する。

往生礼讃　おうじょうらいさん

中国浄土宗三祖善導《ぜんどう》の撰。浄土三部経に基づき極楽往生を願う、日没・初夜・中夜・後夜・晨朝・日中の六時礼讃の行儀を示す。本書の中で専行《せんぎょう》・雑行《ぞうぎょう》を説き、専行《せんぎょう》である念仏による極楽往生は「十即十生《じっそくじっしょう》 百即百生《ひゃくそくひゃくしょう》」、雑行《ぞうぎょう》である諸経の修行による成仏は「千中無一《せんちゅうむいち》」と主張する。

往生要集　おうじょうようしゅう

慧心僧都源信《えしんそうずげんしん》の作。六道の迷いを捨てて、阿弥陀仏の極楽浄土に生まれることを勧め、浄土に生まれるには何がもっとも大切であるかを明らかにした。

往生講式　おうじょうこうしき

永観《ようかん》の著作。毎月十五日に極楽往生を願い、講を修するための講式。称名専修念仏《しょうみょうせんじゅうねんぶつ》の書。

選択集　せんちゃくしゅう

法然《ほうねん》六十六才の書。西暦一一九八年作。『選択本願念仏《せんちゃくほんがんねんぶつ》集《しゅう》』という。浄土三部経、浄土祖師の要文を撰述した書。法《ほう》然《ねん》以前の浄土宗は、諸経、諸行を認めていたが、この書において称名専修念仏《しょうみょうせんじゅうねんぶつ》を主張し、その他を否定した。

問《と》ふ、いかなる秘法《ひほう》ぞ。先《ま》づ名《な》をきき、次《つぎ》に義《ぎ》をきかんとをもう。此事《このじ》もし実事《じつじ》ならば、釈尊《しゃくそん》の二度世《にどよ》に出現《しゅつげん》し給《たま》ふか。上《じょう》(浄)行《ぎょう》菩薩《ぼさつ》[2-32]の重《かさ》ねて涌出《ゆじゅつ》せるか。いそぎいそぎ慈悲《じひ》をたれられよ。彼《か》の玄奘三蔵《げんじょうさんぞう》*は六生《ろくしょう》を経《へ》て月氏《がっし》に入《い》りて十九年、法華一乗《ほっけいちじょう》は方便教《ほうべんきょう》、小乗阿含経《しょうじょうあごんぎょう》は真実教《しんじつきょう》。不空三蔵《ふくうさんぞう》*は身毒《しんどく》に返《かえ》りて寿量品《じゅりょうほん》を阿弥陀佛《あみだぶつ》とかか(書)れたり。此等《これら》は東《ひがし》を西《にし》という、日《ひ》を月《つき》とあやまてり。身《み》を苦《くる》しめてなにかせん、心《こころ》に染《そみ》てよう(用)なし。幸《さいわ》ひ我《われ》等《ら》末法《まっぽう》に生《うま》れて、一歩《いっぽ》をあゆまずして三祇《さんぎ》[1]をこえ、頭《こうべ》を虎《とら》にかわ(飼)ずして無見頂相《むけんちょうそう》[2]をえん。

答《こた》へて云《いわ》く、此《こ》の法門《ほうもん》を申《もう》さん事《こと》は、経文《きょうもん》に候《そうら》へばやすかるべし。但此《ただこ》の法門《ほうもん》には先《ま》ず三《みっ》の大事《だいじ》あり。大海《たいかい》は広《ひろ》けれども死骸《しがい》をとどめず。大地《だいち》は厚《あつ》けれども不孝《ふこう》の者をば載《の》せ

1　**三祇**　三阿僧祇百大劫という非常に長い時間。小乗の菩薩が成仏するまでの期間。

2　**無見頂相**　仏の三十二相の一つ。仏は非常に背が高く、誰も頭の頂を見ることができない。

ず。佛法《ぶっぽう》には五逆《ごぎゃく》[3]をたすけ不孝《ふこう》をばすくう。但《ただ》し誹謗《ひぼう》一闡提《いっせんだい》[4]の者、持戒《じかい》にして大智《だいち》なるをばゆる(容)されず。此《こ》の三《み》つのわざわひ(禍)とは、所謂念佛宗《いわゆるねんぶつしゅう》と禅宗《ぜんしゅう》と真言宗《しんごんしゅう》となり。

一《いっ》には念佛宗《ねんぶつしゅう》は日本国《にほんごく》に充満《じゅうまん》して、四衆《ししゅ》の口《くち》あそびとす。二《に》に禅宗《ぜんしゅう》は三衣一鉢《さんねいっぱつ》[5]の大慢《だいまん》の比丘《びく》の四海《しかい》に充満《じゅうまん》して、一天《いってん》の明導《みょうどう》とをもへり。三《さん》に真言宗《しんごんしゅう》は又彼等《またかれら》の二宗《にしゅう》にはに(似)るべくもなし。叡山《えいざん》・東寺《とうじ》・七寺《しちじ》・薗城《おんじょう》或《あるい》は官主《かんしゅ》[6]、或《あるい》は御室《おむろ》[7]、或《あるい》は長吏《ちょうり》[8]、或《あるい》は検校《けんぎょう》[9]なり。かの内侍所《ないじどころ》[10]の神鏡《みかがみ》、燼灰《じんかい》となりしかども、大日如来《だいにちにょらい》の宝印《ほういん》を佛鏡《ぶつきょう》とたのみ、宝剣西海《ほうけんさいかい》に入《い》りしかども、五大尊《ごだいそん》[11]をもつて国敵《こくてき》を切《き》らんと思《おも》へり。此等《これら》の堅固《けんご》の信心《しんじん》は、設《たと》ひ劫石《こうせき》[12]はひすらぐ(磷)とも、かたぶ(傾)くべしとはみへず。大地《だいち》は反覆《はんぷく》すとも

3　**五逆**　無間地獄に落ちる五種類の根本重罪。五種類とは「殺父」「殺母」「殺阿羅漢」「破和合僧」「出仏身血」のこと。

4　**一闡提**　末代の悪世の凡夫の一つで、無宗教の謗法無佛性の謗人。

5　**三衣一鉢**　僧が個人所有を許された大衣・九条・五条の三種の衣と、托鉢の時に布施を受ける一個の鉢のこと。乞食の生活を送るという修行。

6　**官主**　大衆一座の主の意で、禅家で住持というに対し、経家で座主という。

7　**御室**　宇多天皇が出家して益信の弟子となり寛平法王と称し、御室を仁和寺の内に造って住むようになり、仁和寺を御室という。門跡のはじまり。

8　**長吏**　僧侶の職名で、特に三井。すなわち寺門園城寺並びに観修寺の寺主に用いられる。

9　**検校**　高野・熊野等の、一山の統領の職名。

10　**内侍所**　朝廷の温明殿内天照大神の御霊代として、神鏡を祭る所。

11　**五代尊**　不動明王、降三世明王、軍吒利明王、六足明王、浄心明王。

12　**劫石**　仙人が長い年月をかけて、薄い衣の袖ですり減らさす、四方高四十里の石。

疑心《ぎしん》をこり(発)がたし。

彼《か》の天台大師《てんだいだいし》*の南北《なんぼく》をせめ給《たま》ひし時《とき》も、此宗《このしゅう》いまだわた(渡)らず。此《こ》の伝教大師《でんぎょうだいし》*の六宗《ろくしゅう》をしえた(虐)げ給《たま》ひし時《とき》ももれ(洩)ぬ。かたがたの強敵《ごうてき》をまぬがれて、かへ(却)て大法《だいほう》をかす(掠)め失《うしな》う。其上《そのうえ》伝教大師《でんぎょうだいし》の御弟子《みでし》、慈覚大《じかくだい》師《し》*此宗《このしゅう》をとりたて(取立)て叡山《えいざん》の天台宗《てんだいしゅう》をかす(掠)めをとして、一向真言宗《いっこうしんごんしゅう》になししかば、此《こ》の人《ひと》には誰《たれ》の人《ひと》か敵《てき》をなすべき。かゝる僻見《びゃっけん》のたより(便)をえて、弘法大師《こうぼうだいし》の邪《じゃ》義《ぎ》をもとがむ(咎)る人《ひと》もなし。安然和尚《あんねんわじょう》*すこし弘法《こうぼう》を難《なん》ぜんとせしかども、只華厳宗《ただけごんしゅう》のところ計《ばか》りとがむ(咎)るに(似)て、かへ(却)て『法華経《ほけきょう》』をば『大日経《だいにちきょう》』に対《たい》して沈《しず》めはてぬ。ただ世間《せけん》のたて入《い》りの者《もの》のごとし。

選択集

問《と》て云《いわ》く、此三宗《このさんしゅう》の謬悞如何《みょうごいかん》。

答《こた》へて云《いわ》く、浄土宗《じょうどしゅう》は斉《せい》の世《よ》に曇鸞法師《どんらんほっし》*と申《もう》す者あり。本《もと》は三論宗《さんろんしゅう》の人、龍樹菩薩《りゅうじゅぼさつ》*の『十住毘婆沙論《じゅうじゅうびばしゃろん》』を見て「難行道《なんぎょうどう》・易行道《いぎょうどう》」を立《た》てたり。道綽禅師《どうしゃくぜんじ》*という者あり。唐《とう》の世《よ》の者、本《もと》は『涅槃経《ねはんぎょう》』をかう(講)じけるが、曇鸞《どんらん》法師《ほっし》が浄土《じょうど》にうつる筆《ふで》を見て、『涅槃経《ねはんぎょう》』をすてて浄土《じょうど》にうつ(移)て「聖道《しょうどう》・浄土《じょうど》」の二門《にもん》を立てたり。又道綽《またどうしゃく》が弟子《でし》善導《ぜんどう》*という者あり。「雑行《ぞうぎょう》・正行《しょうぎょう》」を立つ。日本国《にほんごく》に末法《まっぽう》に入《いり》て二百余年、後鳥羽院《ごとばいん》*の御宇《ぎょう》に法然《ほうねん》*というものあり。一切《いっさい》の道俗《どうぞく》をすゝめ(勧)て云く、

「佛法《ぶっぽう》は時機《じき》を本《もと》とす。『法華経《ほけきょう》』・『大日経《だいにちきょう》』・天台《てんだい》・真言《しんごん》等《とう》の八宗《はっしゅう》九宗《くしゅう》、一代《いちだい》の大小《だいしょう》・顕密《けんみつ》・権実等《ごんじつとう》の経宗等《きょうしゅうとう》は上《じょう》根上智《こんじょうち》、正像《しょうぞう》二千年の機《き》のためなり。末法《まっぽう》に入《いり》ては、いか

に功《こう》をなして行《ぎょう》ずるとも其益《そのやく》あるべからず。其上《そのうえ》弥陀念佛《みだねんぶつ》にまじへ(交)て行《ぎょう》ずるならば、念佛《ねんぶつ》も往生《おうじょう》すべからず。此《こ》れわたくしに申《もう》すにはあらず。龍樹菩薩《りゅうじゅぼさつ》・曇鸞法師《どんらんほっし》は『難《なん》行道《ぎょうどう》』となづけ、道綽《どうしゃく》は『未有一人得者《みういちにんとくしゃ》』ときらひ、善導《ぜんどう》は『千中無一《せんちゅうむいち》』となづけたり」

此等《これら》は他宗《たしゅう》なれば御不審《ごふしん》もあるべし。慧心《えしん》の先徳《せんとく》*にすぎさせ給《たま》へる天台《てんだい》・真言《しんごん》の智者《ちしゃ》は末代《まつだい》にをはす(在)べきか。かれ『往生要集《おうじょうようしゅう》』にはかゝれたり。

「顕密《けんみつ》の教法《きょうぼう》は予《よ》が死生《ししょう》をはなるべき法《ほう》にはあらず」

又三論《またさんろん》の永観《ようかん》*が『十因《じゅういん》』等《とう》をみよ。されば法華《ほっけ》・真言等《しんごんとう》をすてて一向《いっこう》に念佛《ねんぶつ》せば、「十即十生《じっそくじっしょう》 百即百生《ひゃくそくひゃくしょう》」とすゝめ(勧)ければ、叡山《えいざん》・東寺《とうじ》・園城《おんじょう》・七寺《しちじ》等《とう》、始《はじ》めは諍論《じょうろん》するやうなれども、『往生要集《おうじょうようしゅう》』の序《じょ》の詞《ことば》、道理《どうり》かとみへければ、顕真座主《けんしんざす》*落《お》ちさせ給《たま》ひて法然《ほうねん》が弟子《でし》となる。其上《そのうえ》、設《たと》ひ法然《ほうねん》が弟子《でし》とならぬ人々《ひとびと》も、弥陀念佛《みだねんぶつ》は他佛《たぶつ》にに(似)るべくもなく口《くち》ずさみとし、心《こころ》よ(寄)せにをもひければ、日《に》本国皆一同《ほんごくみないちどう》に法然房《ほうねんぼう》の弟子《でし》と見へけり。

此《こ》の五十年が間《あいだ》、一天四海一人《いってんしかいいちにん》もなく法然《ほうねん》が弟子《でし》となる。法然《ほうねん》が弟子《でし》となりぬれば、日本国一人《にほんごくいちにん》もなく謗法《ほうぼう》の者となりぬ。譬《たと》へば千人の子《こ》が一同《いちどう》に一人《いちにん》の親《おや》を殺害《せつがい》せば、千人共《とも》に五逆《ごぎゃく》の者なり。一人《いちにん》阿鼻《あび》に堕《お》ちなば余人《よにん》堕《お》ちざるべしや。結句《けっく》は法然流罪《ほうねんるざい》をあだ(怨)みて悪霊《あくりょう》となつて、我並《われならび》に弟子等《でしとう》をとが(科)せし国主《こくしゅ》・山寺《さんじ》の僧等《そうら》が身《み》に入《いり》て、或《あるい》は謀反《むほん》ををこし(起)、或《あるい》は悪事《あくじ》をなして、皆関東《みなかんとう》にほろぼされぬ。わづかにのこれる叡山《えいざん》・東寺《とうじ》等《とう》の諸僧《しょそう》は、俗男俗女《ぞくなんぞくにょ》にあなづら(蔑)るること、猿猴《えんこう》の人にわらわれ、俘囚《えぞ》が童子《わらべ》に蔑如《べつじょ》せらるるがごとし。

禅宗《ぜんしゅう》は又此便《またこのたより》を得《え》て持斎《じさい》[13]等《とう》となつ（成）て人の眼《まなこ》を迷《まど》はかし、たつと（貴）げなる気色《けしき》なれば、いかにひが（僻）ほうもん（法門）をいいくる（言狂）へども失《とが》ともをぼへず。禅宗《ぜんしゅう》と申《もう》す宗《しゅう》は、教外別伝《きょうげべつでん》[14]と申《もう》して、「釈尊《しゃくそん》の一切経《いっさいきょう》の外《ほか》に迦葉尊者《かしょうそんじゃ》＊にひそか（密）にさゝや（囁）かせ給《たま》へり。されば禅宗《ぜんしゅう》をしらずして一切経《いっさいきょう》を習《なら》うものは、犬《いぬ》の雷《かみなり》をかむ（噛）がごとし。猿《さる》の月《つき》の影《かげ》をとる（取）ににたり」云云《うんぬん》。

此故《このゆえ》に日本国《にほんごく》の中《なか》に不孝《ふこう》にして父母《ふぼ》にすてられ、無礼《ぶれい》なる故《ゆえ》に主君《しゅくん》にかんだう（勘当）せられ、あるいは若《じゃく》なる法師等《ほっしとう》の学文《がくもん》にものう（懶）き、遊女《ゆうじょ》のものぐるわし（物狂）き本性《ほんしょう》に叶《かなえ》る邪法《じゃほう》なるゆへに、皆一同《みないちどう》に持斎《じさい》になりて国《くに》の百姓《ひゃくしょう》を

第三節　禅宗を破折する

13　**持斎**　戒律を堅くたもつこと

14　**教外別伝**　経典の所説などの文字ではなく、仏の悟りは迦葉尊者に伝えられたということ。

くらう蝗虫《いなむし》となれり。しかれば天《てん》は天眼《てんげん》をいからかし、地神《ちじん》は身《み》をふるう。

真言宗《しんごんしゅう》と申《もう》すは上《かみ》の二つのわざわひ（禍）にはにるべくもなき大僻見《だいびゃっけん》なり。あらあら（概略）此《これ》を申《もう》すべし。所謂大唐《いわゆるだいとう》の玄宗皇帝《げんそうこうてい》＊の御宇《ぎょう》に善無畏三蔵《ぜんむいさんぞう》＊・金剛智三蔵《こんごうちさんぞう》＊・不空《ふくう》三蔵《さんぞう》、『大日経《だいにちきょう》』・『金剛頂経《こんごうちょうきょう》』・『蘇悉地経《そしつじきょう》』を月支《がっし》よりわたす。此三経《このさんきょう》の説相分明《せっそうふんみょう》なり。其《そ》の極理《ごくり》を尋《たず》ぬれば、会二破二《えにはに》の一乗《いちじょう》[15]、其《そ》の相《そう》を論《ろん》ずれば、印《いん》と真言《しんごん》と計《ばか》りなり。尚《なお》『華厳《けごん》』・『般若《はんにゃ》』の三一相対《さんいつそうたい》の一乗《いちじょう》[16]にも及《およ》ばず、天《てん》台宗《だいしゅう》の爾前《にぜん》の別円程《べつえんほど》もなし。但蔵通《ただぞうつう》二教《にきょう》を面《おもて》とす。

而《しか》るを善無畏三蔵《ぜんむいさんぞう》をも（思）はく、此《こ》の経文《きょうもん》をあらわ（顕）にいい（言）出《いだ》す程《ほど》ならば、華厳《けごん》・法相《ほっそう》にもをこつ（嘲）かれ、天台宗《てんだいしゅう》にもわらわれなん。大事《だいじ》として月支《がっし》よりは持来《もちきた》

第四節　真言宗を破折する

15　**会二破二の一乗**　声聞・縁覚・菩薩の三乗のうち二乗を卑下して菩薩のみを讃える

16　**三一相対の一乗**　三乗と一乗について比較し勝劣をつけ、一乗を選ぶ。

りぬ。さて、もだ(黙止)せば本意《ほんい》にあらずとやをもひ(思)けん。天台宗《てんだいしゅう》の中《なか》に一行禅師《いちぎょうぜんじ》*という僻人一人《びゃくにんいちにん》あり。これをかたらひて漢土《かんど》の法門《ほうもん》をかたらせ(語)けり。一行阿闍梨《いちぎょうあじゃり》うちぬかれ(欺)て、三論《さんろん》・法相《ほっそう》・華厳《けごん》等《とう》をあらあらかたる(語)のみならず、天台宗《てんだいしゅう》の立《た》てられけるやうを申《もう》しければ、善無畏《ぜんむい》をもは(思)く、天台宗《てんだいしゅう》は天竺《てんじく》にして聞《き》きしにもなをうちすぐれ(勝)て、かさむ(累層)べきやうもなかりければ、善無畏《ぜんむい》は一行《いちぎょう》をうちぬひ(欺)て云《いわ》く、

「和僧《わそう》は漢土《かんど》にはこざかしき者《もの》にてありけり。天台宗《てんだいしゅう》は神《しん》妙《みょう》の宗《しゅう》なり。今真言宗《いましんごんしゅう》の天台宗《てんだいしゅう》にかさむ(崇重)ところは、印《いん》と真言《しんごん》と計《ばか》りなり」

といいければ、一行《いちぎょう》さもやとをも(思)ひければ、善無畏《ぜんむい》三蔵《さんぞう》、一行《いちぎょう》にかたて云《いわ》く、

㊁—30　⑩—18　㉑—10

「天台大師《てんだいだいし》の『法華経《ほけきょう》』に疏《じょ》をつくらせ給《たま》へるごとく、『大日経《だいにちきょう》』の疏《じょ》を造《つく》りて真言《しんごん》を弘通《ぐつう》せんとをもう。汝《なんじ》かきなんや」といいければ、一行《いちぎょう》が云《いわ》く、

「やす(易)う候《そうろう》。但《ただ》しいかやうにかき候《そうろう》べきぞ。天台宗《てんだいしゅう》はにくき宗《しゅう》なり。諸宗《しょしゅう》は我《われ》も我《われ》もとあらそひ(争)をなせども、一切《いっさい》に叶《かな》はざる事《こと》一《ひと》つあり。所謂《いわゆる》『法華経《ほけきょう》』の序分《じょぶん》に『無量義経《むりょうぎきょう》』と申《もう》す経《きょう》をもつて、前《ぜん》四十余年の経々《きょうぎょう》をば、其門《そのもん》を打《う》ちふさぎ(塞)候《そうら》いぬ。『法華経《ほけきょう》』の法師品《ほっしほん》・神力品《じんりきほん》をもつて後《のち》の経々《きょうぎょう》をば又《また》ふせが(防)せぬ。肩《かた》をならぶ経々《きょうぎょう》をば今説《こんせつ》の文《もん》をもつてせめ(責)候《そうろう》。『大日経《だいにちきょう》』をば三説《さんせつ》の中《なか》にはいづくにかをき候《そうろ》うべき」と問《と》ひければ、爾《そ》の時《とき》に善無畏三蔵《ぜんむいさんぞう》大《おおい》に巧《たくら》んで云《いわ》く、

『大日経《だいにちきょう》』に住心品《じゅうしんほん》という品《ほん》あり。『無量義経《むりょうぎきょう》』の四十余

年の経々《きょうぎょう》を打《う》ちはらうがごとし。『大日経《だいにちきょう》』の入漫陀羅《にゅうまんだら》已下《いげ》の諸品《しょほん》は、漢土《かんど》にては『法華経《ほけきょう》』・『大日経《だいにちきょう》』とて二本《にほん》なれども天竺《てんじく》にては一経《いっきょう》のごとし。釈迦佛《しゃかぶつ》は舎利弗《しゃりほつ》*・弥勒《みろく》に向《むか》つて、『大日経《だいにちきょう》』を『法華経《ほけきょう》』となづけて、印《いん》と真言《しんごん》とをすて（捨）て但理《ただり》計《ばか》りをとけるを、羅什三蔵《らじゅうさんぞう》*此《これ》をわたす。天台大師《てんだいだいし》此《これ》を見《み》る。大日如来《だいにちにょらい》は『法華経《ほけきょう》』を『大日経《だいにちきょう》』となづけて金剛薩埵《こんごうさった》に向《むか》ひてとかせ給《たま》ふ。此《これ》を『大日経《だいにちきょう》』となづく。我《われ》まのあたりに天竺《てんじく》にしてこれを見《み》る。されば汝《なんじ》がかく（書）べきやうは、『大日経《だいにちきょう》』と『法華経《ほけきょう》』とをば水《みず》と乳《ちち》とのやうに一味《いちみ》となすべし。もししからば『大日経《だいにちきょう》』は已今当《いこんとう》の三説《さんせつ》をば皆《みな》『法華経《ほけきょう》』のごとくうちをとす（下）べし。さて印《いん》と真言《しんごん》とは心法《しんぽう》の一念三千《いちねんさんぜん》に荘厳《しょうごん》するならば、三密相応《さんみつそうおう》[2]
－23
の秘法《ひほう》なるべし。三密相応《さんみつそうおう》する程《ほど》ならば天台宗《てんだいしゅう》は意密《いみつ》なり。真言《しんごん》は甲《こう》なる将軍《しょうぐん》の甲鎧《かっちゅう》を帯《たい》して弓箭《きゅうせん》を横《よこ》たへ、太刀《たち》を腰《こし》にはける(佩)がごとし。天台宗《てんだいしゅう》は意密《いみつ》計《ばか》りなれば、甲《こう》なる将軍《しょうぐん》の赤裸《あかはだか》なるがごとくならん」といいければ、一行阿闍梨《いちぎょうあじゃり》は此《こ》のやうにかきけり。

漢土《かんど》三百六十箇国《こく》には、此事《このじ》を知《し》る人《ひと》なかりけるかのあひだ、始《はじ》めには勝劣《しょうれつ》を諍論《じょうろん》しけれども、善無畏《ぜんむい》等《とう》は人《ひと》がらは重《おも》し、天台宗《てんだいしゅう》の人々《ひとびと》は軽《かる》かりけり。又天台大師《またてんだいだいし》ほどの智《ち》ある者《もの》もなかりければ、但日々《ただにちにち》に真言宗《しんごんしゅう》になりて、さてやみにけり。年《とし》ひさしくなれば、いよいよ真言《しんごん》の誑惑《おうわく》の根《ね》ふかくかくれ(隠)て候《そうらい》けり。

日本国《にほんごく》の伝教大師《でんぎょうだいし》漢土《かんど》にわたりて、天台宗《てんだいしゅう》をわたし給《たま》いしついで(次序)に、真言宗《しんごんしゅう》をならひわたす(習渡)。天台《てんだい》宗《しゅう》を日本《にほん》の皇帝《こうてい》にさづけ、真言宗《しんごんしゅう》を六宗《ろくしゅう》の大徳《だいとく》にならは

第五節　伝教大師の真言宗観

せ給《たま》ふ。但《ただ》し六宗《ろくしゅう》と天台宗《てんだいしゅう》の勝劣《しょうれつ》は、入唐《にっとう》已前《いぜん》に定《さだ》めさせ給《たま》ふ。入唐《にっとう》已後《いご》には円頓《えんどん》の戒場《かいじょう》を、立《た》てう立《た》てじの論計《ろんばか》りなかりけるかのあひだ、敵多《かたきおお》くしては戒場《かいじょう》の一事成《いちじじょう》じがたしとやをぼしめしけん。又末法《またまっぽう》にせめ(責)させんとやをぼしけん、皇帝《こうてい》の御前《ごぜん》にしても論《ろん》ぜさせ給《たま》はず。弟子等《でしとう》にもはかばかしくかたらせ給《たま》はず。但《ただ》し『依憑集《えひょうしゅう》』と申《もう》す一巻《いっかん》の秘書《ひしょ》あり。七宗《しちしゅう》の人々《ひとびと》の天台《てんだい》に落《お》ちたるやうをかかれて候文《そうろうもん》なり。かの文《もん》の序《じょ》に真言宗《しんごんしゅう》の誑惑一筆《おうわくひとふで》みへて候《そうろう》。

弘法大師《こうぼうだいし》*は同《おな》じき延暦年中《えんりゃくねんちゅう》に御入唐《ごにっとう》、青龍寺《せいりゅうじ》の慧果《けいか》*に値《あ》ひ給《たま》ひて真言宗《しんごんしゅう》をならわせ給《たま》へり。御帰朝《ごきちょう》の後《のち》、一代《いちだい》の勝劣《しょうれつ》を判《はん》じ給《たま》ひけるに、第一真言《だいいちしんごん》・第二華厳《だいにけごん》・第三法華《だいさんほっけ》とかかれて候《そうろう》。此大師《このだいし》は世間《せけん》の人々《ひとびと》はもつてのほかに重《おも》んずる人《ひと》なり。但《ただ》し佛法《ぶっぽう》の事《こと》は申《もう》すにをそれあれども、もつてのほかにあらき(荒量)事《こと》どもはんべり。此事《このこと》をあらあらかんがへたるに、漢土《かんど》にわたらせ給《たま》ひては、但真言《ただしんごん》の事相《じそう》の印《いん》・真言計《しんごんばか》り習《なら》ひつたえて、其義理《そのぎり》をばくはしくもさはぐら(思索)せ給《たま》わざりけるほどに、日本《にほん》にわたりて後《のち》、大《おおい》に世間《せけん》を見《み》れば、天台宗《てんだいしゅう》もつてのほかにかさみ(嵩)たりければ、我《わ》が重《おも》んずる真言宗《しんごんしゅう》ひろめがたかりけるかのゆへに、本日本国《もとにほんごく》にして習《なら》ひたりし華厳宗《けごんしゅう》をとりいだし(取出)て、『法華経《ほけきょう》』にまされたるよしを申《もう》しけり。それも常《つね》の華厳宗《けごんしゅう》に申《もう》すやうに申《もう》すならば、人信《ひとしん》ずまじとやをぼしめしけん。すこしいろ(色)をかえて、此《これ》は『大日経《だいにちきょう》』、龍猛菩薩《りゅうみょうぼさつ》*の『菩提心論《ぼだいしんろん》』、善無畏等《ぜんむいとう》の実義《じつぎ》なりと、大妄語《だいもうご》をひきそへ(引添)たりけれども、天台宗《てんだいしゅう》の人々《ひとびと》いたう(強)とがめ(咎)申《もう》す事《こと》なし。

問《とう》て云《いわ》く、弘法大師《こうぼうだいし》の『十住心論《じゅうじゅうしんろん》』・『秘蔵宝鑰《ひぞうほうやく》』・『二教《にきょう》

論《ろん》』に云《いわ》く、

秘蔵宝鑰

「此《かく》の如《ごと》き乗々《じょうじょう》、自乗《じじょう》に名《な》を得《え》れども後《のち》に望《のぞ》めば戯論《けろん》と作《な》す」

又《また》云《いわ》く、

秘蔵宝鑰

「無明《むみょう》の辺域《へんいき》[17]にして明《みょう》の分位《ぶんい》[18]に非《あら》ず」

又《また》云《いわ》く、

顕密二教論

「第四熟蘇味《だいしじゅくそみ》[19]なり」

又《また》云《いわ》く、

顕密二教論

「震旦《しんたん》の人師等《にんしとう》、諍《あらそ》いて醍醐《だいご》を盗《ぬす》んで各《おのおの》自宗《じしゅう》に名《なづ》く」等《とう》云云《うんぬん》。

此等《これら》の釈《しゃく》の心如何《こころいかん》。

答《こた》へて云《いわ》く、予此《よこ》の釈《しゃく》にをどろひて一切経《いっさいきょう》並《なら》びに大日《だいにち》の三部経等《さんぶきょうとう》をひらきみるに、『華厳経《けごんぎょう》』と『大日経《だいにちきょう》』とに対《たい》

17 **無明の辺域** 悟りから遠く離れた、無明という迷いの中。

18 **明の分位** 悟り。

19 **第四熟蘇味** 五蔵の教判の第四。五法蔵を乳・酪・生蘇・熟蘇・醍醐にたとえられ、その四味にあたる。

すれば『法華経《ほけきょう》』は戯論《けろん》、『六波羅蜜経《ろくはらみつきょう》』に対《たい》すれば盗人《ぬすびと》、『守護経《しゅごきょう》』に対《たい》すれば無明《むみょう》の辺域《へんいき》と申《もう》す経文《きょうもん》は一字一句《いちじいっく》も候《そうら》はず。此事《このこと》はいとはかなき事《こと》なれども、此《こ》の三、四百余年に日本国《にほんごく》のそこばく（若干）の智者《ちしゃ》どもの用《もち》ひさせ給《たま》へば、定《さだ》めてゆへあるかとをもひぬべし。しばらく（暫）いとやすきひが（僻）事《ごと》をあげて余事《よじ》のはかなき事《こと》をしらすべし。

『法華経《ほけきょう》』を醍醐味《だいごみ》と称《しょう》することは陳《ちん》・隋《ずい》の代《よ》なり。『六波羅蜜経《ろくはらみつきょう》』は唐《とう》の半《なかば》に般若三蔵《はんにゃさんぞう》此《これ》をわたす。『六波羅蜜経《ろくはらみつきょう》』の醍醐《だいご》は陳《ちん》・隋《ずい》の世《よ》にはわた（渡）りてあらばこそ、天台大師《てんだいだいし》は真言《しんごん》の醍醐《だいご》をば盗《ぬす》ませ給《たま》わめ。傍例《かたがたれい》あり。日本《にほん》の得一《とくいつ》*が云《いわ》く、

「天台大師《てんだいだいし》は『深密経《じんみっきょう》』の三時教《さんじきょう》[20]をやぶる、三寸《さんずん》の舌《した》をもつて五尺《ごしゃく》の身《み》をたつ（断）べし」

20 **三時教**

有相教　性質気風の違いをよく見極めて、その心の迷いを除くという教え。

無相教　仏性を十分に養って伸ばしていけば、みな仏に等しい智慧を成就し得ると説く。

常住教　仏の正しい教えが弘まり、世の中は平穏な世になり、仏の教えが永遠に栄え、仏が世の中に出て教えを説かれた本意が達せられる。

とのゝしりしを、伝教大師《でんぎょうだいし》此《これ》をただし(糾)て云《いわ》く、『深密経《じんみっきょう》』は唐《とう》の始《はじめ》、玄奘《げんじょう》これをわたす。天台《てんだい》は陳《ちん》・隋《ずい》の人《ひと》、智者御入滅《ちしゃごにゅうめつ》の後《のち》、数箇年あつ(有)て『解深密経《げじんみっきょう》』わたれり。死《し》して已後《いご》にわたれる経《きょう》をばいかでか破《は》し給《たま》ふべき」と、せめさせ給《たま》ひて候《そうらい》しかば、得一《とくいつ》はつまる(詰)のみならず、舌八《したや》つにさけて死《し》し候《そうらい》ぬ。

これは彼《かれ》にはにる(似)べくもなき悪口《あっく》なり。華厳《けごん》の法蔵《ほうぞう》*・三論《さんろん》の嘉祥《かじょう》*・法相《ほっそう》の玄奘《げんじょう》・天台等《てんだいとう》、乃至《ないし》南北《なんぼく》の諸師《しょし》、後漢《ごかん》より已下《いげ》の三蔵《さんぞう》、人師《にんし》を皆《みな》をさえ(押)て盗人《ぬすびと》とかかれて候《そうろう》なり。其上又《そのうえまた》『法華経《ほけきょう》』を醍醐《だいご》と称《しょう》することは天台《てんだい》等《とう》の私《わたくし》の言《ことば》にはあらず。佛《ほとけ》『涅槃経《ねはんぎょう》』に『法華経《ほけきょう》』を醍醐《だいご》ととかせ給《たま》ひ、天親菩薩《てんじんぼさつ》*は『法華経《ほけきょう》』・『涅槃経《ねはんぎょう》』を醍醐《だいご》とかかれて候《そうろう》。龍樹菩薩《りゅうじゅぼさつ》は『法華経《ほけきょう》』を妙薬《みょうやく》となづけさせ給《たま》ふ。されば『法華経《ほけきょう》』等《とう》を醍醐《だいご》と申《もう》す人盗人《ぬすびと》ならば、釈迦《しゃか》・多宝《たほう》・十方《じっぽう》の諸佛《しょぶつ》、龍樹《りゅうじゅ》・天親《てんじん》等《とう》は盗人《ぬすびと》にてをはすべきか。弘法《こうぼう》の門人《もんじん》等《ら》、乃至《ないし》、日本《にほん》の東寺《とうじ》の真言師《しんごんし》、如何《いかに》自眼《じげん》の黒白《こくびゃく》はつたなく(拙)して弁《わきま》へずとも、他《た》の鏡《かがみ》をもつて自禍《じか》をしれ。

此《こ》の外《ほか》『法華経《ほけきょう》』を戯論《けろん》の法《ほう》とかかるること『大日経《だいにちきょう》』・『金剛頂経《こんごうちょうきょう》』等《とう》にたしかなる経文《きょうもん》をいだされよ。設《たと》ひ彼々《かれがれ》の経々《きょうぎょう》に『法華経《ほけきょう》』を戯論《けろん》ととかれたりとも、訳者《やくしゃ》の悞《あやま》る事《こと》もあるぞかし。よくよく思慮《しりょ》のあるべかりけるか。孔子《こうし》は九思《きゅうし》一言《いちごん》、周公旦《しゅうこうたん》は沐《ゆあみ》には三《みたび》にぎり(握髪)、食《じき》には三《みたび》はかれ(吐哺)けり。外書《げしょ》のはかなき世間《せけん》の浅事《せんじ》を習《なら》ふ人すら、智人《ちにん》はかう(斯)候《そうろう》ぞかし。いかにかゝるあさましき事《こと》はありけるやらん。かゝる僻見《びゃっけん》の末《すえ》なれば、彼《か》の伝法院《でんぽういん》の

本願《ほんがん》とがう(号)する聖《しょう》(正)覚房《かくぼう》*が『舎利講《しゃりこう》の式《しき》』[21]に云《いわ》く、

「尊高《そんこう》なる者《もの》は不二摩訶衍《ふにまかえん》の佛《ほとけ》なり。驢牛《ろご》の三身《さんじん》[22]は車《くるま》を扶《たす》くること能《あた》わず。秘奥《ひおう》なる者《もの》は両部曼陀羅《りょうぶまんだら》[23]の教《おしえ》なり。顕乗《けんじょう》の四法《しほう》は履《くつ》を採《と》るに堪《た》えず」と云云《うんぬん》。

顕乗《けんじょう》の四法《しほう》と申《もう》すは法相《ほっそう》・三論《さんろん》・華厳《けごん》・法華《ほっけ》の四人《よにん》、驢牛《ろご》の三身《さんじん》と申《もう》すは『法華《ほっけ》』・『華厳《けごん》』・『般若《はんにゃ》』・『深密経《じんみつきょう》』の教主《きょうしゅ》の四佛《しぶつ》、此等《これら》の佛《ぶつ》・僧《そう》は真言師《しんごんし》に対《たい》すれば聖《しょう》(正)覚《かく》・弘法《こうぼう》の牛飼《うしかい》・履物取《はきものとり》者にもたらぬ程《ほど》の事《こと》なりとかいて候《そうろう》。

彼《か》の月氏《がっし》の大慢婆羅門《だいまんばらもん》は生知《しょうち》の博学《はくがく》、顕密二道《けんみつにどう》胸《むね》にうかべ(浮)、内外《ないげ》の典籍《てんせき》掌《たなごころ》ににぎる。されば王臣頭《おうしんこうべ》をかたぶけ、万民《ばんみん》師範《しはん》と仰《あお》ぐ。あまりの慢心《まんしん》に、世間《せけん》に尊崇《そんすう》する者は大自在天《だいじざいてん》・婆籔天《ばそてん》・那羅延天《ならえんてん》・大覚世尊《だいがくせそん》、此《こ》の四聖《ししょう》なり。我《わ》

21 **舎利講の式**　舎利供養式といい、仏舎利供養の講会の講演式を記述したもの。

22 **驢牛の三身**　顕教の釈尊三身をロバや牛と貶める。

23 **両部曼陀羅**　密教の教義を大日如来を中心とした諸尊の配置によって図示した曼陀羅。向かって右に胎蔵曼陀羅、左に金剛界曼陀羅なるもの。

が座《ざ》の四足《しそく》にせんと、座《ざ》の足《あし》につくりて坐《ざ》して法門《ほうもん》を申《もう》しけり。当時《とうじ》の真言師《しんごんし》が釈迦佛等《しゃかぶつとう》の一切《いっさい》の佛《ほとけ》をかきあつめ（書集）て、潅頂《かんちょう》[24]する時、敷《しき》まんだら（曼荼羅）[25]とするがごとし。禅宗《ぜんしゅう》の法師等《ほっしとう》が云《いわ》く、

「此宗《このしゅう》は佛《ほとけ》の頂《いただき》をふむ大法《だいほう》なり」というがごとし。

而《しか》るを賢愛論師《けんあいろんじ》と申《もう》せし小僧《しょうそう》あり。彼《かれ》をただすべきよし申《もう》せしかども、王臣万民《おうしんばんみん》これをもちいず、結句《けっく》は大慢《だいまん》が弟子《でし》等《とう》・檀那等《だんなとう》に申《もう》しつけて、無量《むりょう》の妄語《もうご》をかまへて悪口《あっく》打擲《ちょうちゃく》せしかども、すこしも命《いのち》をしまずのゝしりしかば、帝王《ていおう》賢愛《けんあい》をにくみて、つめ（詰）させんとし給《たま》ひしほどに、かへり（却）て大慢《だいまん》がせめ（責）られたりしかば、大王天《だいおうてん》に仰《あお》ぎ地《ち》に伏《ふ》してなげひ（歎）ての給《たま》はく、

「朕《ちん》はまのあたり（親）此事《このこと》をきひて邪見《じゃけん》をはらしぬ。先王《せんおう》は

24　**潅頂**　密教で行う頭頂に、水をそそぐ儀式。

25　**敷曼荼羅**　密教において結縁の潅頂の際、投華する時に用いる曼荼羅。

いかに此者《このもの》にたぼら(誑)かされて阿鼻地獄《あびじごく》にをはすらん」
と、賢愛論師《けんあいろんじ》の御足《みあし》にとりつきて悲涙《ひるい》せさせ給《たま》ひしかば、賢愛《けんあい》の御計《おんはから》ひとして大慢《だいまん》を驢《ろ》にのせて、五竺《ごじく》に面《おもて》をさらし(曝)給《たま》ひければ、いよいよ悪心盛《あくしんさかん》になりて現身《げんしん》に無間地獄《むけんじごく》に堕《お》ちぬ。今《いま》の世《よ》の真言《しんごん》と禅宗等《ぜんしゅうとう》とは此《これ》にかわれりや。

漢土《かんど》の三階禅師《さんかいぜんじ》*云《いわ》く、

「教主釈尊《きょうしゅしゃくそん》の『法華経《ほけきょう》』は第一《だいいち》・第二階《だいにかい》の正像《しょうぞう》の法門《ほうもん》なり。末代《まつだい》のためには我《わ》がつくれる『普経《ふきょう》』[26]なり。『法華経《ほけきょう》』を今《いま》の世《よ》に行《ぎょう》ぜん者《もの》は十方《じっぽう》の大阿鼻獄《だいあびごく》に堕《お》つべし。末法《まっぽう》の根機《こんき》にあたらざるゆへなり」

と申《もう》して、六時《ろくじ》の礼懺《らいさん》、四時《しじ》の坐禅《ざぜん》、生身佛《しょうしんぶつ》のごとくなりしかば、人多《ひとおお》く尊《たっと》みて弟子《でし》万余人ありしかども、わづかの小《しょう》女《にょ》の法華経《ほけきょう》をよみしにせめられて、当坐《とうざ》には音《こえ》を失《うしな》ひ後《のち》に

26 **普経**　中国随代、三階教の開祖信行の主張した論理。一乗仏法を一階、三乗仏法を二階、普法仏法を三階とし、末法の三階においては普法により救われると主張した。その内容は仏法を否定しつつ、時の皇帝おも批判していため、たびたび弾圧にあいながらも、唐代まで運動は続いた。日蓮聖人は、普法を普経と称した。

は大蛇《だいじゃ》になりて、そこばく(若干)の檀那《だんな》・弟子《でし》並《ならび》に小女《しょうにょ》・処女等《しょにょとう》をのみ食《くら》ひしなり。今《いま》の善導《ぜんどう》・法然等《ほうねんとう》が「千中無一《せんちゅうむいち》」の悪義《あくぎ》もこれにて候《そうろう》なり。此等《これら》の三《みっ》つの大事《だいじ》はすでに久《ひさし》くなり候《そうら》へば、いやしむべきにはあらねども、申《もう》さば信《しん》ずる人《ひと》もやありなん。これよりも百千万億倍信《しん》じがたき最大《さいだい》の悪事《あくじ》はんべり。

コラム4　年表　正法

三時	西暦年	インド
正法　解脱堅固（内外相対時代）	世紀前 一〇二九	釈迦牟尼世尊 一〇二九～九四九
	九五〇	第一祖　迦葉尊者
		第二祖　阿難尊者
	九〇〇	第三祖　商那和修
		第四祖　優婆崛多
	八五〇	第五祖　提多迦
		第六祖　弥遮迦
		第七祖　仏陀難提
		第八祖　仏陀密多
		第九祖　脇比丘
	四四九	第十祖　富那奢

『釈尊在世期』

釈迦牟尼世尊【しゃかむにせそん】紀元前一〇二九～九四九。現在、釈尊の入滅には異論が多々あり、

①紀元前四八五年。

②紀元前三八六年。

③紀元前三八三年などがある。

日蓮聖人は鎌倉時代の通念に従って『周書異記』の説により、紀元前九四九年とされている。

浄飯王【じょうぼんのう】釈尊の父。釈迦族迦毘羅城主。嗣子悉達多太子（釈尊）が出家され、また釈尊の弟難陀、釈尊の子羅睺羅が出家し、嗣子を失った。王は釈尊に、父母の許可なくして出家することを禁ずるよう請い、釈尊はそれを認めた。釈尊の成道後、王は五年で没した。

摩耶夫人【まやぶにん】釈尊の母。ルンビニー園にて悉達多太子の出産後、七日目に死す。

阿私陀仙人【あしだせんにん】釈尊出生時の占者。「王ならば天輪聖王。出家したならば仏陀になる」とトした。

倶鄰【くりん】釈尊出家に際し、父王が太子のために、追従させた五人の一人。釈尊成道後、初の説法時、鹿野苑にて教化された最初の弟子。

舎利弗尊者【しゃりほつそんじゃ】十大弟子の一人。智慧第一。初め六師外道に属していたが、釈尊の因縁法を聞き、目連とともに釈尊に帰依する。釈尊の弟子となった後、多くの外道を仏道に帰依せしめたが、釈尊に先立って入寂した。

迦葉尊者【かしょうそんじゃ】付法蔵第一祖。釈尊十大弟子の一人。頭陀第一。摩訶迦葉とも。大富豪の子で大財と大姓を捨てて頭陀行に専念した。『涅槃経』において釈尊の遺法を付嘱された。

阿難尊者【あなんそんじゃ】付法蔵第二祖。斛飯王の子、提婆達多の弟。釈尊の従兄弟。釈尊成道の夜に生まれる。二十五歳で出家し、釈尊の従者となる。十大弟子の一人に数えられ、多聞第一と称せられ、一切の仏法を受持する。仏滅後、迦葉尊者が摩竭陀国の結集の時、大いに貢献する。

須菩提尊者【しゅぼだいそんじゃ】舎衛城の長者の子。十大弟子の一人。空理に通じるゆえに解空第一。

須抜多羅【しゅばつたら】釈尊の最後の弟子。天地動転の夢を見て、仏の涅槃を予見し、百二才にして釈尊に面会を求める。阿難の制止をうけるが、再三の面会を請いついに果たす。八正道の教えを受ける。

鬱頭羅弗【うずらんほつ】釈尊は出家後、鬱頭羅弗のもとで無想空を学ぶが、それに満足することはなく、鬱頭羅弗のもとを去った。その後、鬱頭羅弗は後宮に侵入し、夫人の手に触れて五神通を失う。林間において修行し、回復をこころみたが、もう少しというところで、鳥が樹上で鳴くのを聞き心乱されて失う。水辺で修行した際は、魚の水音により失う。結果、鳥魚を怒り殺害する。死後天上界に化生したが、次の転成において飛狸となり、鳥魚を殺し三悪道におちる。

提婆達多【だいばだった】阿難尊者の兄、釈尊の従弟。出家して神通を学び、身に三十二相を具し、六万の法蔵を誦す。自らを利すことに執着し、三逆罪をつくり生きながらにして地獄へ。

倶伽利【くぎゃり】釈迦族で、はじめ釈尊の弟子となったが、後に提婆達多の弟子となる。舎利弗、目連の所行を故意に誹謗する。釈尊の再三の呵責を聞き入れず、生きながらにして地獄へおちる。

阿闍世王【あじゃせおう】釈尊在世時、摩竭陀国王舎城の王。父は頻婆沙羅、母は韋提希。母が懐胎したとき占いで「この子生まれて父を害す」と卜され、親子ともに恐れていた。しかしながら悪友提婆達多にそそのかれ、父を幽閉し殺害する。後に懺悔し仏弟子となった。

耆婆大臣【ぎばだいじん】摩竭陀国の医師。阿闍世王の庶兄とも伝えられる。治病の器具を持って生まれ、医を学び、長じて医王と仰がれた。釈尊に帰依し、小病を治した。阿闍世王造逆の時には、月光大臣とともに、母韋提希夫人を殺すことなかれ、と諌止した。

覚徳比丘【かくとくびく】『涅槃経』金剛身品第三より。持戒堅固の比丘であったが、破戒悪心の比丘に襲われ、刀杖にて殺害されそうになった。有徳王がその危機を、かえって刀杖にて防ぎ、覚徳比丘はたすかったが、有徳王は殺害された。このことより護法のために、刀杖を持つことは持戒とされる。

付法蔵各師

仏の教法を付嘱することを、付法蔵のこという。

付法蔵第一祖迦葉尊者より、最後の伝灯者　師子尊者に至るまでの、順番には異説があるが、『撰時抄』に記述される順番に従った。

付法蔵各祖師の伝承、生没年月日などについては不詳な点が多い。

第三祖　商那和修と同列または第四祖として末田地（マデンダイ）尊者をおき、付法蔵を第二四祖までとすることもあるが、本年表においては『撰時抄』に従い、第二三祖までとした。

三時	西暦年	インド
正法　禅定堅固（大小相対時代）	世紀前 四四八	付法蔵 第十一祖　馬鳴菩薩 第十二祖　毘羅尊者 第十三祖　龍樹菩薩 第十四祖　提婆菩薩 第十五祖　羅睺尊者 第十六祖　僧佉難提 第十七祖　僧伽耶奢 第十八祖　鳩摩羅駄 第十九祖　闍夜那 第二十祖　盤陀 第二一祖　摩奴羅 第二二祖　鶴勒夜那 第二三祖　師子尊者
	紀元後 五〇	

龍樹菩薩【りゅうじゅぼさつ】西暦一五〇～二五〇頃。初め小乗を学んだが満足せず、諸国に大乗を求め遊行し、大竜菩薩の導きにより、大海の竜宮において、七宝の法蔵を読破し、実利をえた。龍の導きにより成道したことにより、龍樹と名乗る。南インドで活躍し、外道と小乗を破し、八宗の祖とされる。『中論』『十二門論』『大智度論』『十住毘婆沙論』などを著す。また弟子の提婆は『百論』を著す。中国三論宗は、『中論』『十二門論』『百論』を基とする。『大智度論』において、『大品般若経』と『法華経』を対比し「二乗作仏」などにより、『法華経』がより勝れていると判じている。通仏教においては、紀元後二、三世紀頃の人物とされ、像法にあたるが『撰時抄』において、正法の人物とされるためここに記載する。参考として像法の年表にも記載した。

龍猛菩薩【りゅうみょうぼさつ】真言密教において龍樹菩薩は、龍猛菩薩を称され、付法蔵第三祖、伝持第一祖とされる。しかし龍猛は同名異人、もしくは龍樹の徳行に寄せる伝説とされる。日蓮聖人は龍樹を引用するさい、密教に関するさいは「龍猛」と記され同一人物とされる。

印生王【いんしょうおう】西域記より。深く龍樹に帰依し、龍樹の妙薬により印生王の寿命は数百となった。太子が王位を継ぐことを望んだが、龍樹の福力のため、王は死なない。太子が王位のことを、龍樹に相談すると「我が身終わらざれば、汝が父また命終せず」と龍樹は答えた。そして龍樹は自殺し、太子は驚愕した。このことを王に伝えると、王もまた命終した。

師子尊者【ししそんじゃ】付法蔵、最後の伝灯者。師子比丘とも称する。檀弥羅王が仏教を破棄せんとしたとき、師子尊者はこれを諌めた。王は師子尊者を斬殺したが、その罪により王もまた七日後に命終した。これにより付法蔵の伝灯は絶えた。日蓮聖人は、国王諫暁の手本として、御遺文に明記されている。

檀弥羅王【だんみらおう】国中の塔寺を破壊し、僧を殺害。付法蔵二十四祖の師子尊者も殺害し、それにより付法蔵は絶えた。

大天【だいてん】『大毘婆沙論』より。商人の子として生まれた。父は貿易のため、長く家に帰らなかった。その子は長じて母に恋し、母と通じた。父が帰ると母と計って父を殺し、そのことが露見し母と他国に逃れた。逃れた地では、故国において供養していた阿羅漢に会い、父を殺害したことが露見することを恐れて、阿羅漢を殺害。さらに母が他の男に通じているのを知り、母を殺害した。三件の殺害に憂いた大天は、釈門に滅罪の法があることを知り出家した。修行を重ねた大天は、三蔵に通じ多くの人々を導いた。しかしながら自らを利する教義を説くようになり、大天の教義に疑問を持つ上座部と、大天に従う大衆部との根本分裂を引き起こした。

鐵腹【てっぷく】驕慢の外道。腹中に一切の智慧を容れているので、その腹が割けることを恐れて、鉄の腹巻きを巻いていた。

天親菩薩【てんじんぼさつ】仏滅後九百年頃インドで、兄無著とともに大乗を弘める。はじめ小乗をよくし『大毘婆沙論』をきわめ、一日一偈をつくり『倶舎論』を著す。無著の教えにより大乗に移る。大乗誹謗の謗法の罪を、断舌して懺悔しようとしたが、無著にその舌をもって大乗を説くように諭される。通仏教では紀元四〇〇～四八〇年とされ像法にあたるが、撰時抄において正法に記載されるためここに掲載する。

世親菩薩【せしんぼさつ】天親菩薩の新訳。

無著【むじゃく】仏滅後九百年頃インドの、唯識学派。天親の兄として生まれ、先に小乗に出家し、後に大乗に移る。弟の天親も大乗に帰せしめ、大乗布教につとめた。

摩騰【まとう】大小乗に通じる。『金光明経』を講じ、敵国の侵略を防いだ。世紀六七年竺蘭とともに、中国に仏法を伝えた。

竺蘭【じくらん】竺法蘭とも称する。摩騰とともに中国に仏法を伝える。

釈尊が法華経を説かれた聖地、インド霊鷲山上

慈覚大師《じかくだいし》＊は伝教大師《でんぎょうだいし》＊の第三《だいさん》の御弟子《おんでし》なり。しかれども上一人《かみいちにん》より下万民《しもばんみん》にいたるまで、伝教大師《でんぎょうだいし》には勝《すぐ》れてをはします人《ひと》なりとをもえ(思)り。此《こ》の人真言宗《ひとしんごんしゅう》と法華宗《ほっけしゅう》の奥義《おうぎ》を極《きわ》めさせ給《たま》ひて候《そうろう》が、真言《しんごん》は『法華経《ほけきょう》』に勝《すぐ》れたりとかかせ給《たま》へり。而《しか》るを叡山《えいざん》三千人の大衆《だいしゅ》、日本一州《にほんいっしゅう》の学《がく》者等一同帰伏《しゃとういちどうきぶく》の宗義《しゅうぎ》なり。弘法《こうぼう》＊の門人等《もんじんとう》は大師《だいし》の『法華《ほけ》経《きょう》』を『華厳経《けごんぎょう》』に劣《おと》るとかかせ給《たま》へるは、我《わ》がかた(方)ながらも少《すこ》し強《こわ》きやうなれども、慈覚大師《じかくだいし》の釈《しゃく》をもつてをもうに、真言宗《しんごんしゅう》の『法華経《ほけきょう》』に勝《すぐ》れたることは一定《いちじょう》なり。日《に》本国《ほんごく》にして真言宗《しんごんしゅう》を『法華経《ほけきょう》』に勝《すぐ》るると立《た》つるをば、叡山《えいざん》こそ強《こわき》かたき(敵)なりぬべかりつるに、慈覚《じかく》をもつて三千人の口《くち》をふさぎなば、真言宗《しんごんしゅう》はをもうごとし。されば東《とう》寺第一《じだいいち》のかたうど(方人)慈覚大師《じかくだいし》にはすぐ(勝)べからず。

例《れい》せば浄土宗《じょうどしゅう》・禅宗《ぜんしゅう》は余国《よこく》にてはひろまるとも、日《に》本国《ほんごく》にしては延暦寺《えんりやくじ》のゆるされなからんには、無辺劫《むへんごう》はふ(経)とも叶《かの》ふまじかりしを、安然和尚《あんねんわじょう》*と申《もう》す叡山第一《えいざんだいいち》の古徳《ことく》、『教時諍論《きょうじじょうろん》』と申《もう》す文《ふみ》に九宗《くしゅう》の勝劣《しょうれつ》を立《たて》られたるに、第一真言宗《だいいちしんごんしゅう》・第二禅宗《だいにぜんしゅう》・第三天台法華宗《だいさんてんだいほっけしゅう》・第四華厳《だいしけごん》宗等云云《しゅうとううんぬん》。此《こ》の大謬釈《だいびゅうしゃく》につひて、禅宗《ぜんしゅう》は日本国《にほんごく》に充満《じゅうまん》して、すでに亡国《ぼうこく》とならんとはするなり。法然《ほうねん》*が念佛宗《ねんぶつしゅう》のはやりて一国《いっこく》を失《うしな》わんとする因縁《いんねん》は、慧心《えしん》*の『往生要集《おうじょうようしゅう》』の序《じょ》よりはじまれり。師子《しし》の身《み》の中《なか》の蟲《むし》の師子《しし》を食《くら》ふと、佛《ほとけ》の記《き》し給《たま》ふはまことなるかなや。

伝教大師《でんぎょうだいし》は日本国《にほんごく》にして十五年が間《あいだ》、天台《てんだい》・真言等《しんごんとう》を自見《じけん》せさせ給《たま》ふ。生知《しょうち》の妙悟《みょうご》[3-12]にて師《し》なくしてさとらせ給《たま》ひしかども、世間《せけん》の不審《ふしん》をはらさんがために、漢土《かんど》に亘《わた》り

第二節　伝教大師と慈覚大師

て天台《てんだい》・真言《しんごん》の二宗《にしゅう》を伝《つた》へ給《たまい》し時《とき》、漢土《かんど》の人々《ひとびと》はやうやう(様々)の義《ぎ》ありしかども、我心《わがこころ》には法華《ほっけ》は真言《しんごん》にすぐれ(勝)たりとをぼしめし(思召)しゆへに、真言宗《しんごんしゅう》の宗《しゅう》の名字《みょうじ》をば削《けず》らせ給《たま》ひて、天台宗《てんだいしゅう》の止観《しかん》・真言《しんごん》等《とう》かかせ給《たま》ふ。十二年の年分得度《ねんぶんとくど》の者《もの》[1]二人をかせ給《たま》ひ、重《かさ》ねて止観院《しかんいん》に『法華経《ほけきょう》』・『金光明経《こんこうみょうきょう》』・『仁王経《にんのうきょう》』の三部《さんぶ》を鎮護国家《ちんごこっか》の三部《さんぶ》と定《さだ》めて宣旨《せんじ》を申《もう》し下《くだ》し、永代日本国《えいたいにほんごく》の第一《だいいち》の重宝《じゅうほう》、神璽《しんじ》・宝剣《ほうけん》・内侍所《ないじどころ》とあがめさせ給《たま》ひき。叡山第一《えいざんだいいち》の座主《ざす》義真和尚《ぎしんわじょう》*・第二《だいに》の座主《ざす》圓澄大師《えんちょうだいし》*までは此義相違《このぎそうい》なし。

第三《だいさん》の慈覚大師《じかくだいし》御入唐《ごにっとう》、漢土《かんど》にわたりて十年が間《あいだ》、顕密《けんみつ》二道《にどう》の勝劣《しょうれつ》を八箇《はっか》の大徳《だいとく》にならひつたう。又天台宗《またてんだいしゅう》の人々《ひとびと》広脩《こうしゅう》*・維蠲《ゆいけん》(惟謚)*等《とう》にならはせ給《たま》ひしかども、心《こころ》の内《うち》にをぼし(思)けるは、真言宗《しんごんしゅう》は天台宗《てんだいしゅう》には勝《すぐ》れたりけり。我《わが》

1　**年分得度**　毎年諸宗、諸大寺に一定の得度者枠を設け、経論による試験に通った者に得度を認める制度。初期は南都六宗の十名であったが、後に天台宗を加えた十二名。さらに真言宗などを加え増加していった。

師《し》伝教《でんぎょう》大師《だいし》はいまだ此事《このじ》をばくはしく習《なら》はせ給《たま》はざりけり。漢土《かんど》に久《ひさし》くもわたらせ給《たま》はざりける故《ゆえ》に、此《こ》の法門《ほうもん》はあらうち(荒唐)にみ(見)をはしけるやとをぼして、日本国《にほんごく》に帰朝《きちょう》し、叡山東塔止観院《えいざんとうとうしかんいん》の西《にし》に惣持院《そうじいん》と申《もう》す大講堂《だいこうどう》を立《た》て、御本尊《ごほんぞん》は金剛界《こんごうかい》の大日如来《だいにちにょらい》、此御前《このみまえ》にして『大日経《だいにちきょう》』の善無畏《ぜんむい》*の疏《じょ》を本《もと》として、『金剛頂経《こんごうちょうきょう》の疏《じょ》』七巻《かん》・『蘇悉地経《そしつじきょう》の疏《じょ》』七巻《かん》、已上《いじょう》十四巻《かん》をつくる。此疏《このじょ》の肝心《かんじん》の釈《しゃく》に云《いわ》く、

「教《きょう》に二種有《にしゅあ》り。一《いち》は顕示教《けんじきょう》、謂《いわ》く三乗教《さんじょうきょう》なり。世俗《せぞく》と勝義《しょうぎ》と未《いま》だ円融《えんゆう》せざるが故《ゆえ》に。二《に》は秘密教《ひみつきょう》、謂《いわ》く一乗教《いちじょうきょう》なり。世俗《せぞく》と勝義《しょうぎ》と一体《いったい》にして融《ゆう》するが故《ゆえ》に。秘密教《ひみつきょう》の中《なか》に亦二種有《またにしゅあ》り。一《いち》には理秘密《りひみつ》の教《きょう》、諸《もろもろ》の『華厳《けごん》』・『般若《はんにゃ》』・『維摩《ゆいま》』・『法華《ほっけ》』・『涅槃《ねはん》』等《とう》なり。但世俗《ただせぞく》と勝義《しょうぎ》との不二《ふに》を

説《と》きて、未《いま》だ真言《しんごん》・密印《みついん》の事《じ》を説《と》かざるが故《ゆえ》に。二《に》には事理《じり》倶密《くみつ》[2]の教《きょう》、謂《いわ》く『大日経《だいにちきょう》』・『金剛頂経《こんごうちょうきょう》』・『蘇悉地経《そしつじきょう》』等《とう》なり。亦世俗《またせぞく》と勝義《しょうぎ》との不二《ふに》を説《と》き、亦真言《またしんごん》・密印《みついん》の事《じ》を説《と》くが故《ゆえ》に」等云云《とううんぬん》。

釈《しゃく》の心《こころ》は、『法華経《ほけきょう》』と真言《しんごん》の三部《さんぶ》との勝劣《しょうれつ》を定《さだ》めさせ給《たま》ふに、真言《しんごん》の三部経《さんぶきょう》と『法華経《ほけきょう》』とは、所詮《しょせん》の理《り》は同《おな》じく一《いち》念三千《ねんさんぜん》の法門《ほうもん》なり。しかれども密印《みついん》と真言等《しんごんとう》の事法《じほう》は、『法華経《ほけきょう》』はかけ（欠）てをはせず。『法華経《ほけきょう》』は理秘密《りひみつ》、真言《しんごん》の三部経《さんぶきょう》は事理倶密《じりくみつ》なれば、天地雲泥《てんちうんでい》なりとかかれたり。

しかも此《こ》の筆《ふで》は私《わたくし》の釈《しゃく》にはあらず。善無畏三蔵《ぜんむいさんぞう》の『大日経《だいにちきょう》』の疏《じょ》の心《こころ》なりとをぼせども、なをなを二宗《にしゅう》の勝劣《しょうれつ》不審《ふしん》にやありけん、はた又他人《またたにん》の疑《うたが》ひをさん（散）ぜんとやをぼしけん。大師《だいし》（慈覚也《じかくなり》）の伝《でん》に云《いわ》く、

2　**事理倶密**　事とは現象、理は論理を意味する。顕教は悟りの論理のみを説かれているのにたいし、密経は悟りの現象と論理がともに説かれていると言うこと。

「大師《だいし》二経《にきょう》の疏《じょ》を造《つく》り、功《こう》を成《な》し已畢《おわ》りて心中《しんちゅう》に独《ひと》り謂《おもえ》らく、此疏佛意《このじょぶつい》に通《つう》ずるや否《いな》や。若《も》し佛意《ぶつい》に通《つう》ぜざれば、世《よ》に流伝《るでん》せず。仍《より》て佛像《ぶつぞう》の前《まえ》に安置《あんち》し、七日七夜深誠《しんじょう》[3]を翹企《ぎょうき》[4]し、祈請《きしょう》を勤修《ごんしゅ》す。五日の五更《ごこう》[5]に至《いたり》て夢《ゆめ》みらく、正午《しょうご》に当《あた》りて、日輪《にちりん》を仰《あお》ぎ見《み》て、弓《ゆみ》を以《もっ》て之《これ》を射《い》るに、其《そ》の箭《や》日輪《にちりん》に当《あた》りて、日輪即《にちりんすなわ》ち転動《てんどう》す。夢覚《ゆめさ》めての後《のち》、深《ふか》く佛意《ぶつい》に通達《つうだつ》せりと悟《さと》り、後世《こうせい》に伝《つた》うべし」等云云《とううんぬん》。

慈覚大師《じかくだいし》は本朝《ほんちょう》にしては伝教《でんぎょう》・弘法《こうぼう》の両家《りょうけ》を習《なら》ひきわめ、異朝《いちょう》にしては八大徳並《はちだいとくならび》に南天《なんてん》の宝月三蔵等《ほうげつさんぞうとう》に、十年が間最大事《あいださいだいじ》の秘法《ひほう》をきわめさせ給《たま》へる上《うえ》、二経《にきょう》の疏《じょ》をつくり了《おわ》り、重《かさ》ねて本尊《ほんぞん》に祈請《きしょう》をなすに、智慧《ちえ》の矢《や》すでに中道《ちゅうどう》の日輪《にちりん》にあたりてうちをどろかせ給《たま》ひ、歓喜《かんぎ》のあまりに仁明《にんみょう》天王《てんのう》*に宣旨《せんじ》を申《もう》しそへ(副)させ給《たま》ひ、天台《てんだい》の座主《ざす》を真言《しんごん》の

---

3 **深誠**　心を込める。精神を集中する。

4 **翹企**　足をつま立てて待つ。熱望する。

5 **五更**　更は夜間を五等分したもので、一更は約二時間。五更は明け方となる。

涅槃経

官主《かんしゅ》となし、真言《しんごん》の鎮護国家《ちんごこっか》の三部《さんぶ》とて、今《いま》に四百余年が間《あいだ》、碩学稲麻《せきがくとうま》[6]のごとし、渇仰竹葦《かつごうちくい》[7]に同《おな》じ。されば桓武《かんむ》*・伝教《でんぎょう》等の日本国建立《にほんごくこんりゅう》の寺塔《じとう》、一宇《いちう》もなく真言《しんごん》の寺《てら》となりぬ。公家《くげ》も武家《ぶけ》も一同《いちどう》に真言師《しんごんし》を召《め》して師匠《ししょう》とあをぎ、官《かん》をなし寺《てら》をあづけたもふ。佛事《ぶつじ》の木画《もくえ》の開眼供養《かいげんくよう》は、八宗《はっしゅう》一同《いちどう》に大日佛眼《だいにちぶつげん》の印《いん》・真言《しんごん》なり。

疑《うたがい》て云《いわ》く、『法華経《ほけきょう》』を真言《しんごん》に勝《すぐ》るゝと申《もう》す人《ひと》は、此釈《このしゃく》をばいかんがせん。用《もち》ふべきか、又《また》すつべきか。

答《こた》ふ、佛《ほとけ》の未来《みらい》を定《さだ》めて云《いわ》く、

「法《ほう》に依《よ》りて人《ひと》に依《よ》らざれ」

龍樹菩薩《りゅうじゅぼさつ》*云《いわ》く、

「修多羅《しゅたら》[8]に依《よ》るは白論《びゃくろん》なり。修多羅《しゅたら》に依《よ》らざるは黒論《こくろん》なり」

6 **碩学稲麻** 仏道の優れた学者が、稲や麻のように多くいる。

7 **渇仰竹葦** 仏を敬う者が、竹や葦のように多い。

8 **脩多羅** 経典。

法華玄義

法華秀句

天台《てんだい》＊云《いわ》く、

「復修多羅《またしゅたら》と合《がっ》せば録《ろく》して之《これ》を用《もち》ふ。文無《もんな》く義無《ぎな》きは信受《しんじゅ》すべからず」

伝教大師《でんぎょうだいし》云《いわ》く、

「佛説《ぶっせつ》に依憑《えびょう》[9]して、口伝《くでん》を信《しん》ずること莫《なか》れ」等云云《とううんぬん》。

此等《これら》の経《きょう》・論《ろん》・釈《しゃく》のごときんば、夢《ゆめ》を本《もと》にはすべからず。ただついさし（直指）て『法華経《ほけきょう》』と『大日経《だいにちきょう》』との勝劣《しょうれつ》を分《ふん》明《みょう》に説《と》きたらん経論《きょうろん》の文《もん》こそたいせち（大切）に候《そうら》はめ。

但《ただ》し印《いん》・真言《しんごん》なくば木画《もくえ》の像《ぞう》の開眼《かいげん》の事《こと》、此又《これまた》をこ（非義）の事《こと》なり。真言《しんごん》のなかりし已前《いぜん》には、木画《もくえ》の開眼《かいげん》はなかりしか。天竺《てんじく》・漢土《かんど》・日本《にほん》には真言宗《しんごんしゅう》已前《いぜん》の木画《もくえ》の像《ぞう》は或《あるい》は行《い》き、或《あるい》は説法《せっぽう》し、或《あるい》は御物語《おんものがたり》あり。印《いん》・真言《しんごん》をも（以）て佛《ほとけ》を供養《くよう》せしよりこのかた利生《りしょう》もかたがた失《うせ》たるなり。此《これ》

9　依憑　よりどころとする。

は常《つね》の論談《ろんだん》の義《ぎ》なり。此一事《このいちじ》にをひては、但《ただ》し日蓮《にちれん》は分明《ふんみょう》の証拠《しょうこ》を余所《よそ》に引《ひ》くべからず。慈覚大師《じかくだいし》の御釈《おんしゃく》を仰《あおい》で信《しん》じて候《そうろう》なり。

問《とう》て云《いわ》く、何《いか》にと信《しん》ぜらるるや。

答《こた》へて云《いわ》く、此夢《このゆめ》の根源《こんげん》は真言《しんごん》は『法華経《ほけきょう》』に勝《すぐ》ると造《つく》り定《さだ》めての御《おん》ゆめなり。此夢吉夢《このゆめきちむ》ならば、慈覚大師《じかくだいし》の合《あわ》せさせ給《たも》ふがごとく真言勝《しんごんすぐ》るべし。但《ただ》し日輪《にちりん》を射《い》るとゆめにみたるは吉夢《きちむ》なりというべきか。内典《ないでん》五千七千余巻《よかん》・外典《げてん》三千余《よ》巻《かん》の中《なか》に、日《ひ》を射《い》るとゆめに見《み》て吉夢《きちむ》なる証拠《しょうこ》をうけ給《たま》はるべし。少々《しょうしょう》これより出《いだ》し申《もう》さん。阿闍世王《あじゃせおう》*は天《てん》より月落《つきおつ》るとゆめにみて、耆婆大臣《ぎばだいじん》*に合《あわ》せさせ給《たま》ひしかば、大臣合《だいじんあわせ》て云《いわ》く、

「佛《ほとけ》の御入滅《ごにゅうめつ》なり」

須抜多羅《しゅばつたら》、天《てん》より日《ひ》落《おつ》るとゆめにみる。我《われ》とあわせて云《いわ》く、

「佛《ほとけ》の御入滅《ごにゅうめつ》なり」

脩羅《しゅら》は帝釈《たいしゃく》と合戦《かっせん》の時《とき》、まづ日月《にちがつ》をい（射）たてまつる。夏《か》の桀《けつ》・殷《いん》の紂《ちゅう》と申《もう》せし悪王《あくおう》は、常《つね》に日《ひ》をい（射）て身《み》をほろぼし国《くに》をやぶる。摩耶夫人《まやぶにん》*は日《ひ》をはらむ（孕）とゆめにみて、悉《しっ》達太子《だたいし》をうませ給《たま》ふ。かるがゆへに佛《ほとけ》のわらわな（童名）をば日種《にっしゅ》という。日本国《にほんごく》と申《もう》すは、天照太神《あまてらすおおみかみ》の日天《にってん》にしてましますゆへなり。されば此《こ》のゆめは、天照太神《あまてらすおおみかみ》・伝教大師《でんぎょうだいし》・釈迦佛《しゃかぶつ》・『法華経《ほけきょう》』をい（射）たてまつれる矢《や》にてこそ二部《にぶ》の疏《じょ》は候《そうろう》なれ。日蓮《にちれん》は愚痴《ぐち》の者《もの》なれば経論《きょうろん》もしらず。但此《ただこ》の夢《ゆめ》をもつて『法華経《ほけきょう》』に真言《しんごん》すぐれたりと申《もう》す人《ひと》は、今《こん》生《じょう》には国《くに》をほろぼし、家《いえ》を失《うしな》ひ、後生《ごしょう》にはあび（阿鼻）地《じ》獄《ごく》に入《い》るべしとはしりて候《そうろう》。

㉕—55

今《いま》現証《げんしょう》あるべし。日本国《にほんごく》と蒙古《もうこ》との合戦《かっせん》に、一切《いっさい》の真言《しんごん》師《し》の調伏《じょうぶく》を行《おこな》ひ候《そうら》へば、日本《にほん》かち(勝)て候《そうろう》ならば、真言《しんごん》はいみじかりけりとをもひ候《そうろう》なん。但《ただ》し承久《じょうきゅう》の合戦《かっせん》にそこばく(若干)の真言師《しんごんし》のいのり候《そうらい》しが、調伏《じょうぶく》せられ給《たま》ひし権《ごん》の大夫殿《だいふどの》*はかたせ給《たま》ひ、後鳥羽院《ごとばいん》*は隠岐《おき》の国《くに》へ、御子《みこ》の天子《てんじ》は佐渡《さど》の嶋々《しまじま》へ、調伏《じょうぶく》しやりまいらせ候《そうらい》ぬ。結句《けっく》は野《や》干《かん》[10]のなき(鳴)の己《おの》が身《み》にをう(負)なるやうに、「還著於《げんじゃくお》本人《ほんにん》」の経文《きょうもん》にすこしもたがわ(違)ず。叡山《えいざん》の三千人かまくら(鎌倉)にせめ(攻)られて、一同《いちどう》にしたがいはてぬ。しかるに又《また》かまくら、日本《にほん》を失《うしな》はんといのるかと申《もう》すなり。これをよくよくしる人は一閻浮提《いちえんぶだい》一人《いちにん》の智人《ちにん》なるべし。よくよくしるべきか。

今《いま》はかまくらの世《よ》さかん(盛)なるゆへに、東寺《とうじ》・天台《てんだい》・園《おん》

---

10 **野干**　狐の別称。

城《じょう》・七寺《しちじ》の真言師等《しんごんしとう》と並《ならび》に自立《じりゅう》をわすれたる法華宗《ほっけきょう》の謗法《ほうぼう》の人々《ひとびと》、関東《かんとう》にをちくだり（落降）て、頭《こうべ》をかたぶけ、ひざ（膝）をかがめ（屈）、やうやう（様々）に武士《ぶし》の心《こころ》をとり（捕）て、諸寺《しょじ》・諸山《しょざん》の別当《べっとう》[11]となり、長吏《ちょうり》[4-8]となりて、王《おう》位《い》を失《うしな》ひし悪法《あくほう》をとりいだして、国土安穏《こくどあんのん》といのれば、将《しょう》軍家《ぐんけ》並《なら》びに所従《しょじゅう》の侍《さむらい》已下《いげ》は、国土《こくど》の安穏《あんのん》なるべき事《こと》なんめりとうちをもひて有《あ》るほどに、『法華経《ほけきょう》』を失《うしな》ふ大禍《だいか》の僧《そう》どもを用《もち》ひらるれば、国定《くにさだ》めてほろびなん。

11　**別当**　諸大寺において長官として寺務を統轄する職をいう。

コラム5　年表　像法

三時	像法　読誦多聞堅固（鳩摩羅什の訳経）		
西暦年	インド	中国	日本
五一		仏法伝来　摩騰　竺蘭	
一〇〇			
一五〇	龍樹菩薩　一五〇〜二五〇頃		
二〇〇		220 〜後漢	
二五〇			
三〇〇			
三五〇	鳩摩羅什　三五〇〜四〇九		
四〇〇	天親菩薩　四〇〇〜四八〇	439 〜三国・五胡十六国	〜 400 弥生時代
四五〇		曇鸞　四七六〜五四二	
五〇〇		南岳大師　五一四〜五七七	
五五〇		589 〜南北朝	〜 710 大和・飛鳥時代

龍樹菩薩・天親菩薩

両菩薩は、『撰時抄』では正法の人物とされるが、通仏教では像法の人物となる。参考として像法の年表にも記載した。

鳩摩羅什【くまらじゅう】三五〇〜四〇九。亀茲国の王家に生まれる。七歳出家。大小乗の奥義を研鑽し、若くして名声は西域諸国、漢土にまでおよんだ。その名声のため、羅什を捕らえんと数度の戦乱が起こり、亀茲国は滅び、羅什は虜囚をへて長安に招致さる。四〇一年、五八歳で、国王に迎えられ、長安大寺において経典翻訳に勤めた。旧来訳出された経典の誤りを正し改訂し、新たに多くの経典を訳出した。羅什の訳は、適切かつ流暢であり、中国人にも容易に理解しうるものであった。三論・成実・天台・禅・浄土宗などの教学は、羅什の訳経をなしには成立しない。

曇鸞【どんらん】四七六〜五四二。中国浄土宗の祖。神鸞とも号す。緒論に通じていたが晩年『観無量寿経』に接し、諸経を焼き浄土教に帰した。『往生論註』を著し「難行道易行道」を立てる。

南岳大師恵思【なんがくだいしえし】五一四～五七七。「慧思禅師」とも称し、天台大師の師匠。観音菩薩の化身とされる。

『大唐西域記』の人師

『大唐西域記』は、唐の玄奘の一五年八ヶ月間のインド・中央アジア遊歴を記事に撰したものである。他の旅行記と比べると、当時の各国の現状を述べるのみならず、仏陀時代の伝説も蒐集された貴重な書物である。日蓮聖人も自らの歴史観を表された『撰時抄』著述に際し、多くの引用をされている。

後記の人物の年代については不明な点が多いため、ここに記載する。

賢愛論師【けんあいろんじ】仏教、哲学に通じ、大慢婆羅門を破折した。

大慢婆羅門【だいまんばらもん】インドの外道、典籍に通じる。人々の尊敬を受けて、慢心を起こす。外道の神と釈尊を高座の四足とし、我が徳は四聖に勝ると驕る。賢愛論師がこれを破し、人々が大慢を刑に処そうとしたところ、賢愛が刑を減ぜんとした。大慢がかえって賢愛を罵り、三宝を破る言、止まらざるがゆえに、生きながらにして地獄におちる。

徳光論師【とくこうろんじ】碩学多聞で大乗を学んでいたが『毘婆沙論』を見て小乗に移り、大乗を破した。大小乗の疑いを決しようと、神通力を持って兜卒天にいたり弥勒菩薩にあった。しかしながら弥勒菩薩に礼することなく、徳光は我慢のため疑いを決しえなかった。

無垢論師【むくろんじ】諸経を学び、異論を研究し、三蔵を究める。しかしながら大乗を離れ、世親を誹謗した。後に心狂乱し、熱血を出し、大乗誹謗を悔いつつ、無間地獄におちる。

像　法　多造塔寺堅固（天台大師と南三北七）

三時

西暦年：五五一　六〇〇　六五〇　七〇〇　七五〇　八〇〇　八五〇　九〇〇　九五〇　一〇〇〇　一〇五〇

インド

善無畏三蔵　六三七～六八一

金剛智三蔵　六七一～七四一

不空三蔵　七〇五～七四四

善無畏、金剛智、不空はインドの密教僧であり、唐代に中国に『大日経』を伝えた。

1127～北宋　**960～五代**　907～619唐　**随**　南北朝

中国

天台大師　五三八～五九七

玄奘三蔵　六〇〇～六六四

妙楽大師　七一二～七八二

吉蔵　五四九～六二三

善導　六一三～六八一

鑑真和尚　六八八～七六三

章安大師　五六一～六三二

法蔵　六四三～七一二

道綽禅師　五六二～六四五

玄奘、不空はインドに渡り、経典を中国に持ち帰った。

また鑑真は中国より、日本へ大乗戒を伝えた。

像法に入って四〇〇余年、百済から仏教は日本へ伝来した。

また伝教、弘法、慈覚は遣唐使として、中国に渡り、仏法を日本へもたらした。

日本

聖徳太子　五七四～六二二

道昭　六二九～七〇〇

良弁　六八九～七七三

伝教大師　七六七～八二二

弘法大師　七七四～八三五

慈覚大師　七九四～八六四

恵心僧都　九四二～一〇一七

1191～平安時代　**794～奈良時代**　710～大和・飛鳥時代

安然和尚【あんねんわじょう】八四一～九〇二。慈覚、智証とならぶ、台密の名匠。慈覚大師について出家し顕密を学ぶ。弘法大師の「真言第一・華厳第二・法華第三」を難じたが「法華第二・華厳第三」にとどまる。後世山門派において八大徳を数える際、第一に数えられる。慈覚大師について台密を強化大成した。密教興隆の一翼を担う。

一行禅師【いちぎょうぜんじ】六八三～七二七。中国真言宗六祖。はじめ禅・律・天台を学ぶ。金剛智、不空三蔵より密教を受け、善無畏三蔵の訳経をたすける。

恵心僧都源信【えしんそうずげんしん】九四二～一〇一七。慧心とも号する。日本中古天台宗の、随一の学匠。本覚法門を興隆させた。法相宗と法論を行い「一切衆生　悉有仏性　一切皆成」を説き、法相宗の「五性各別　三乗真実　一乗方便」を破折し、三一権実論争に終止符を打った。晩年『往生要集』を著し、浄土法門を鼓吹した。

円澄座主【えんちょうざす】七七一～八三六。叡山第二の座主。伝教大師の弟子となり、義真座主の寂にあい、そのあとを継ぐ。大日経を方等部と判じた。

嘉祥大師吉蔵【かじょうだいしきちぞう】五四九～六二三。中国三論宗の祖。天台、慧遠とともに唐の三大法師。陳の桂陽王、随の煬帝、唐の武宗の帰依を受けた。法相宗であったが『法華義疏』『法華玄論』『法華統略』『法華遊意』など『法華経』に関する書を多く著す。天台大師とも交流があった。

含光法師【がんこうほっし】不空三蔵の弟子。不空とともに、西域仏教遺跡を訪ねる。セイロン島において灌頂を受ける。唐に帰ってからは訳経につとめた。

鑑真和尚【がんじんわじょう】六八八～七六三。唐の僧。戒律の精通。日本よりの請に応じ、弟子一八人とともに日本への来朝を決意。六回の大難を経て、両眼を失明しつつ、天平勝宝六年（七五四）来朝。東大寺にて授戒伝律、戒壇を建立する。日本律宗の開祖である。また唐招提寺も建立する。『天台三大部』を伝えたが、講ずることはなかった。しかしながら弟子の天台学者により、伝教大師の素地となった。

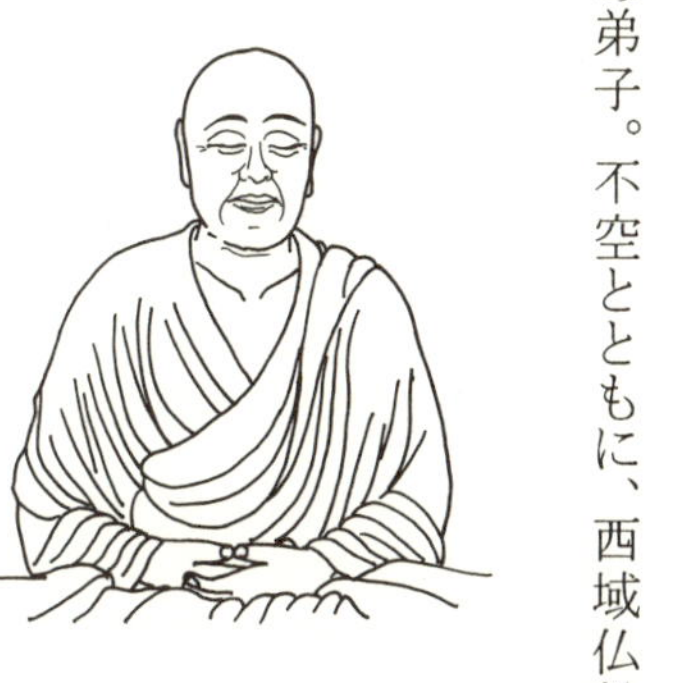

桓武天皇【かんむてんのう】七三七～八〇六。五十代天皇。都を京都に遷都した。最澄の外護者であり、入唐、他宗との公場対決、一乗円頓戒など日本天台宗に、大きな協力をした。

観勒僧正【かんろくそうじょう】百済の僧。三論宗を研究。推古天皇一〇年（六〇二）に来朝し、元興寺を建立。仏法を弘め、日本最初の僧正となった。

義真和尚【ぎしんわじょう】七八一～八三三。最澄の弟子。延暦寺第一代座主。幼少の頃から最澄を師事し、東大寺などの南都も遊学した。唐語に精通し、最澄ともに入唐した。最澄没後、大戒勅許を得て叡山に円頓戒場を建立した。

吉蔵　嘉祥大師を参照。

行表僧正【ぎょうひょうそうじょう】七三〇～七九七。伝教大師の師。禅法を持つ。

欽明天皇【きんめいてんのう】五一〇～五七〇。五五二年に仏教が公伝し、蘇我氏と物部氏の対立した際の天皇。

慧果【けいか】七四六～八〇五。「恵果」とも称する。真言宗第七祖。不空より真言を学び、灌頂を受ける。唐の青龍寺において、弘法大師に真言を授ける。

玄奘三蔵【げんじょうさんぞう】六〇〇～六六四。中国法相宗の開祖。新訳の棟梁。諸経、緒論の誤りを決するために天竺へ向かう。国の許しを得ることなく長安を出発し、四年の旅を経て中印度に達する。戒賢論師より、「瑜伽」「唯識」の奥義を授けられ、留まること十年。印度諸国を周遊

し、聖跡を巡拝。数多くの経論、仏像を長安にもたらした。持ち帰った経論は梵本六五七部。太宗は大いに喜び、弘福寺をあたえ訳さしめる。十年の歳月を重ね『大唐西域記』『瑜伽師地論』百巻。『大般若経』六百巻。七四部一三三五巻を数える。

元正天皇【げんしょうてんのう】六八〇～七四八。第四四代天皇。奈良期の女帝。

玄宗皇帝【げんそうこうてい】六八五～七六二。唐の第六代。「開元の治」と讃えられる善政をしいたが、晩年楊貴妃を寵愛し、政治が乱れ安禄山の乱が起こる。仏教を厚遇していたが、晩年は善無畏を国師として厚遇していた。

広脩【こうしゅう】七七一～八四三。中国天台宗十一祖。慈覚大師入唐時の中心人物。大日経を方等部と決した。

高宗皇帝【こうそうこうてい】六二八～六八三。唐の第三代皇帝。高句麗討伐に成功。後に則天武后を寵し、傀儡化した。

孝徳天皇【こうとくてんのう】五九七～六五四。大化改新後、中大兄皇子が皇位をうけなかったので、軽皇子(孝徳)が皇位をうけた。

弘法大師空海【こうぼうだいしくうかい】七七四～八三五。日本真言宗の祖。東大寺において受戒し、伝教大師とともに入唐。青龍寺の慧果阿闍梨に真言密教を授けられる。帰朝後、平城太上皇に灌頂し、東寺を賜り、真言道場とする。密教の弘教に全力をそそぎ、高野山金剛峰寺を建立する。

三階禅師【さんかいぜんじ】五四〇～五九四。天台大師と同時期の、随唐の僧。『法華経』を正像の法門として、自ら『普経』なるものを作った。唐末三百年におよび指示されたが、歴代皇帝の禁制にあい、歴史上の仏教の一派となった。

金剛智三蔵【こんごうちさんぞう】六七一～七四一。善無畏三蔵とならぶ、中国真言宗の祖。南インドの婆羅門階級出身で、龍智菩薩より、一切の密教を伝えられる。中国の仏法隆盛を聞き、洛陽にいたり『金剛頂経』を伝える。弟子に一行と、不空がいる。

慈恩大師【じおんだいし】六三二～六八二。法相宗の元祖、玄奘の弟子。訳経に参加し、五天竺の言葉を学ぶ。

慈覚大師円仁【じかくだいしえんにん】七九四～八六四。比叡山座主。円仁と号す。伝教大師の弟子で入唐し、天台、真言を学ぶ。帰朝後、皇后、太子に灌頂を授けるなど、比叡山密教化の根源。留学中の道中記を記した『入唐求法巡礼行記』は、当時の風習、風俗を知るにあたり、重要な資料とされる。

章安大師【しょうあんだいし】五六一～六三二。灌頂と号する。中国天台宗の二祖。天台大師の『玄義』『文句』『止観』の講を聴聞し、これを蒐集する。天台三大部の編者。

上宮太子【じょうぐうたいし】五七四～六二二。聖徳太子の異名。用明天皇の御子で、宮殿の南、上殿にいたことより、上宮皇子と称す。早くより仏教に通じ、十四才にして四天王寺を建立。二十才、推古天皇の即位にあたり摂政位につく。三十一才、小野妹子を随に派遣する。四十五才、法隆寺を建立。『勝鬘経』を淑女に、『維摩経』を紳士に、『法華経』を仏教の帰趣と判じた。また『法華義疏』は中国にも伝わり、高名をはせた。

聖武天皇【しょうむてんのう】七〇一～七五六。四十五代天皇。国分寺、国分尼寺、東大寺を建立した。

清涼国師澄観【しょうりょうこくしちょうかん】七三八～八三九。唐の代州、五台山清涼寺、華厳宗四祖。律、菩薩戒、三論、天台、禅を学ぶ。華厳宗を弘め、則天武后の外護をうける。天台宗荊渓尊者湛然より、天台三大部などを学ぶが、華厳第一を主張する。

審祥大徳【しんじょうだいとく】～七四二。華厳宗、新羅の僧。法蔵について華厳を学ぶ。聖武天皇の頃、日本に来朝。良辨が華厳の講を聞かんと、元興寺にきたさい審祥と出会う。日本華厳宗の祖。

善導【ぜんどう】六一三～六八一。中国浄土宗、唐の僧。道綽の『観経』の講を聞き念仏門へ移った。三十余年、一定の所に住せず。光明寺前の柳の木の上に登り口に念仏を唱え、合掌し極楽往生を望み、木の上より飛び降りて死す。法然の心の師で、浄土宗七祖中の五祖。「雑行正行」を立てる。

善無畏三蔵【ぜんむいさんぞう】六三七～七三五。中国真言宗の祖。インド中天竺の王子で、十三才にして王位についたが、弟の乱にあい王位を譲り出家する。南海の那蘭陀寺において、龍猛の弟子、龍智に真言密教を授けられる。龍智の勧めにより、唐に渡り、『大日経』、『蘇悉地経』、曼陀羅を伝える。

則天皇后【そくてんこうごう】六二五～七〇五。唐の高宗の后。太宗の裏宮に仕える侍女であったが、皇帝の死に際し尼になった。高宗がその美しさを惜しみ宮に召し、皇后を廃し、則天皇后となった。中宗が即位すると、皇太后となり、政治を執り行う。後に自ら帝位につくが、内政が乱れ国も乱れた。

太宗皇帝【たいそうこうてい】五九八～六四九。唐の二代皇帝。随末の混乱期に父を援けて活躍。「貞観の治」といわれる善政を敷き、玄奘三蔵を外護した。

代宗皇帝【だいそうこうてい】七二六～七七九。唐の八代皇帝。安史の乱などの混乱期に即位。仏教の信仰に厚く、金剛智、不空に帰依し、真言密教の宣揚を援助した。

智證大師円珍【ちしょうだいしえんちん】八一四～八九一。比叡山五代座主。入唐し諸経を学び、密教を持ち込んだ。園城寺を伝法灌頂道場とし、山門寺門の対立の始まりとなった。

伝教大師最澄【でんぎょうだいしさいちょう】七六七～八二二。日本天台宗の開祖。比叡山にて一乗止観院を創す。入唐し天台、密、禅、律を学ぶ。帰朝後、高尾寺にて諸宗と論議し、華厳、法相、三論、律の大乗四宗に天台法華を知らしめる。法相の徳一とは三一権実論争を戦わし、円頓大戒壇建立運動を展開する。

天台大師智顗【てんだいだいしちぎ】五三八～五九七。梁の武帝の頃に生まれる。南岳慧思の門を叩き法華三昧を得る。華厳、律、禅などの諸宗と論争を展開し、天台宗を天下に弘める。天台三大部を講し、三十巻に纏める。

天台大師智顗の開創になる、国清寺(中国)

日蓮聖人関西遊学の地、比叡山横川定光院

道綽禅師【どうしゃくぜんじ】五六二〜六四五。唐の人。『涅槃経』を学んでいたが、曇鸞の碑を見て、浄土に移る。浄土真宗高僧第四祖。聖道門浄土門の二門を立て、日本浄土宗に大きな影響を与える。

道照法師【どうしょうほっし】六二九〜七〇〇。元興寺にて戒行の誉れであった。入唐し長安にて玄奘にあう。禅法、『楞伽経』、法相宗を学ぶ。帰朝後、元興寺にて法相倶舎の第一人者として弘法につとめた。

徳一【とくいつ】南都六宗法相宗の第一人者。三一権実論にて伝教とたいする。

仁明天皇【にんみょうてんのう】八一〇〜八五〇。第五四代天皇。天皇の請を受け、慈覚大師は入唐留学した。

不空三蔵【ふくうさんぞう】七〇五〜七七四。真言六祖。金剛智とともに、中国真言宗の祖。インド婆羅門の家だが、早くに父を失い、叔父とともに中国へ渡る。金剛智を師事し、灌頂を受け、長安へ至る。師の死後、師の遺言に従いセイロン島に向かい、広く密蔵を求める。その後、長安に帰り訳経につとめた。

武宗皇帝【ぶそうこうてい】八一四〜八四六。唐の十五代皇帝。唐の衰退期、道教を専信し、廃仏をおこなった。公の寺を定め、その他を廃し、僧数を定め、その他を還俗させた。

法蔵【ほうぞう】六四三〜七一二。中国華厳三祖。玄奘の訳場にいたが、所見の違いから去る。則天武后のもと自ら『親華厳経』を訳す。「華厳第一・法華第二・涅槃第三」を立て、天台大師と法論し罵った。

妙楽大師湛然【みょうらくだいしたんねん】七七四〜七八二？。中国天台宗六祖。荊溪尊者とも称し、在俗の身で『止観』を聞き出家する。法相、華厳、禅も学び『天台三大部』の注釈書を記す。宗運を回復し、天台宗中興の祖とされる。

維蠲【ゆいけん】中国天台宗八祖。広脩の弟子。慈覚大師入唐時の、天台宗中心人物。日本天台宗二祖、円澄の三十条の疑問に答え、『大日経』を方等部と決した。

用明天皇【ようめいてんのう】五四〇〜五八七。三一代天皇。聖徳太子の父。物部守屋と蘇我馬子の、仏教受容問題に際し、王位継承の利害に翻弄された。病床にて仏教帰依を表明し、両者の対立を緩和しようとしたが、解決を見ずに死す。

龍智菩薩【りゅうちぼさつ】真言宗第四祖。龍樹（龍猛）の弟子、金剛智の師。南インドに布教し、齢七百才という伝説がある。

良弁僧正【ろうべんそうじょう】六八九〜七七三。南都の僧。審祥大徳の華厳の講を聞き、華厳の興隆を望む。

⑳―10

亡国《ぼうこく》のかなしさ、亡身《ぼうしん》のなげかしさに、身命《しんみょう》をすてゝ此《この》事《こと》をあらわすべし。国主《こくしゅ》、世《よ》を持《たも》つべきならば、あやし(怪)とをもひて、たづぬ(尋)べきところに、ただざんげん(讒言)のことばのみ用《もち》ひて、やうやうのあだをなす。而《しか》るに法華《ほけ》経守護《きょうしゅご》の梵天《ぼんてん》・帝釈《たいしゃく》・日月《にちがつ》・四天《してん》・地神等《ちじんとう》は古《いにしえ》の謗法《ほうぼう》をば不思議《ふしぎ》とはをぼせども、此《これ》をしれる人《ひと》なければ、一子《いっし》の悪《あく》事《じ》のごとくうちゆるし(許)て、いつわり(偽)をろかなる時《とき》もあり、又《また》すこしつみしら(摘知)する時《とき》もあり。今《いま》は謗法《ほうぼう》を用《もち》ひたるだに不思議《ふしぎ》なるに、まれ(稀)まれ諫暁《かんぎょう》する人《ひと》をかへりて(却)あだをなす。一日二日・一月二月・一年二年ならず数年に及ぶ。彼《か》の不軽菩薩《ふきょうぼさつ》の杖木《じょうもく》の難《なん》に値《あ》ひしにもすぐれ、覚徳比丘《かくとくびく》の殺害《さつがい》に及《およ》びしにもこえたり。而《しか》る間《あいだ》、梵釈《ぼんしゃく》の二王《におう》・日月《にちがつ》・四天《してん》・衆星《しゅせい》・地神等《ちじんとう》やうやうにいかり、度々《たびたび》いさめらるれども、いよいよあだをなすゆへに、天《てん》の御計《おんはから》ひとして、鄰国《りんごく》の聖人《しょうにん》にをほせつけられて此《これ》をいましめ、大鬼神《だいきじん》を国《くに》に入《い》れて人《ひと》の心《こころ》をたぼらかし、自界反逆《じかいほんぎゃく》せしむ。吉《きっ》凶《きょう》につけて瑞大《きざしだい》なれば難多《なんおお》かるべきことわりにて、佛滅後《ぶつめつご》二千二百三十余年が間《あいだ》、いまだいでざる大長星《だいちょうせい》、いまだふら(震)ざる大地《だいじ》しん出来《しゅったい》せり。漢土《かんど》・日本《にほん》に智慧《ちえ》すぐれ才《さい》能《のう》いみじき聖人《しょうにん》は度々《たびたび》ありしかども、いまだ日蓮《にちれん》ほど法華《ほけ》経《きょう》のかたうど(方人)して、国土《こくど》に強敵多《ごうてきおお》くまうけ(儲)たる者なきなり。まづ眼前《がんぜん》の事《じ》をもつて日蓮《にちれん》は閻浮第一《えんぶだいいち》の者としるべし。

佛法《ぶっぽう》日本《にほん》にわたて七百余年、一切経《いっさいきょう》は五千七千、宗《しゅう》は八宗十宗《はっしゅうじっしゅう》、智人《ちにん》は稲麻《とうま》のごとし、弘通《ぐづう》は竹葦《ちくい》ににたり。しかれども佛《ほとけ》には阿弥陀佛《あみだぶつ》、諸佛《しょぶつ》の名号《みょうごう》には弥陀《みだ》の名号《みょうごう》ほどひろまりてをはするは候《そうら》はず。此名号《このみょうごう》を弘通《ぐづう》する人《ひと》は、慧心《えしん》*は『往生要集《おうじょうようしゅう》』をつくる、日本国三分《にほんごくさんぶん》が一《いち》は一同《いちどう》の弥陀念佛者《みだねんぶつしゃ》。永観《ようかん》*は『十因《じゅういん》』と『往生講《おうじょうこう》の式《しき》』をつくる、扶《ふ》桑三分《そうさんぶん》が二分《にぶん》は一同《いちどう》の念佛者《ねんぶつしゃ》。法然《ほうねん》*『せんちやく(選択)』をつくる、本朝一同《ほんちょういちどう》の念佛者《ねんぶつしゃ》。而《し》かれば今《いま》の弥陀《みだ》の名号《みょうごう》を唱《とな》ふる人々《ひとびと》は一人《いちにん》が弟子《でし》にはあらず。此《こ》の念佛《ねんぶつ》と申《もう》すは『双観経《そうかんぎょう》』・『観経《かんぎょう》』・『阿弥陀経《あみだきょう》』の題名《だいみょう》なり。権大乗経《ごんだいじょうきょう》の題目《だいもく》の広宣流布《こうせんるふ》するは、実大乗経《じつだいじょうきょう》の題目《だいもく》の流布《るふ》せんずる序《じょ》にあらずや。心《こころ》あらん人《ひと》は此《これ》をすい(推)しぬべし。権経《ごんぎょう》流布《るふ》せば実経《じっきょう》流布《るふ》すべし。権経《ごんぎょう》の題目流布《だいもくるふ》せば実経《じっきょう》の題目《だいもく》も又流布《またるふ》すべし。欽明《きんめい》*より当帝《とうだい》にいたるまで七百余年、いまだきかず、いまだ見《み》ず、南無妙法蓮華経《なむみょうほうれんげきょう》と唱《とな》へよと他人《たにん》をすゝめ、我《われ》と唱《とな》へたる智人《ちにん》なし。日出《ひいで》ぬれば星《ほし》かく

⑮-3

る。賢王来《けんおうきた》れば愚王《ぐおう》ほろぶ。実経《じつきょう》流布《るふ》せば権経《ごんぎょう》のとどま(止)り、智人《ちにん》南無妙法蓮華経《なむみょうほうれんげきょう》と唱《とな》えば愚人《ぐにん》の此《これ》に随《したが》はんこと、影《かげ》と身《み》と声《こえ》と響《ひびき》とのごとくならん。日蓮《にちれん》は日本第一《にほんだいいち》の法華経《ほけきょう》の行者《ぎょうじゃ》なる事《こと》あえて疑《うたが》ひなし。これをもつてすい(推)せよ。漢土《かんど》・月支《がっし》にも一閻浮提《いちえんぶだい》の内《うち》にも肩《かた》をならぶる者は有《あ》るべからず。

問《とう》て云《いわ》く、正嘉《しょうか》の大地《だいじ》しん、文永《ぶんねい》の大彗星《だいすいせい》はいかなる事《こと》によつて出来《しゅったい》せるや。

答《こた》へて云《いわ》く、天台云《てんだいいわ》く、

「智人《ちにん》は起《き》を知《し》り、蛇《じゃ》は自《おのずか》ら蛇《じゃ》を識《し》る」等云云《とううんぬん》。

問《とう》て云《いわ》く、心《こころ》いかん。

答《こた》へて云《いわ》く、上《じょう》(浄)行菩薩《ぎょうぼさつ》[2-32]の大地《だいち》より出現《しゅつげん》し給《たま》ひたりしをば、弥勒菩薩《みろくぼさつ》・文殊師利菩薩《もんじゅしりぼさつ》・観世音菩薩《かんぜおんぼさつ》・薬王菩《やくおうぼ》

第二節　災難の由来と上行菩薩

⑮—19

薩《さっ》等《とう》の四十一品《しじゅういっぽん》の無明《むみょう》[1]を断《だん》ぜし人々《ひとびと》も、元品《がんぽん》の無明《むみょう》[2]を断《だん》ぜざれば愚人《ぐにん》といわれて、寿量品《じゅりょうほん》の南無妙法蓮華経《なむみょうほうれんげきょう》の末法《まっぽう》に流布《るふ》せんずるゆへに、此《こ》の菩薩《ぼさつ》を召《め》し出《いだ》されたるとはしらざりしという事《こと》なり。

問《とう》て云《いわ》く、日本《にほん》・漢土《かんど》・月支《がっし》の中《なか》に此事《このじ》を知《し》る人《ひと》あるべしや。

答《こた》へて云《いわ》く、見思《けんじ》を断尽《だんじん》[3]し、四十一品《しじゅういっぽん》の無明《むみょう》を尽《つく》せる大菩薩《だいぼさつ》だにも此事《このじ》をしらせ給《たま》はず、いかにいわうや一毫《いちごう》の惑《わく》をも断《だん》ぜぬ者《もの》どもの此事《このじ》を知《し》るべきか。

問《とう》て云《いわ》く、智人《ちにん》なくば、いかでか此《これ》を対治《たいじ》すべき。例《れい》せば病《やまい》の所起《しょき》を知《し》らぬ人《ひと》の、病人《びょうにん》を治《じ》すれば人《ひと》必《かなら》ず死《し》す。此《この》災《わざわい》の根源《こんげん》を知《し》らぬ人々《ひとびと》がいのりをなさば、国《くに》まさに亡《ほろ》びん事《こと》疑《うたが》ひなきか。あらあさましやあらあさましや。

1　**四十一品の無明**　無明とは仏法の最後の解脱を障へる煩悩で、古来より愚痴の無明といい、悟りの聖者を覆う愚痴の心をいふ。これを断ずるについて天台の四教のうち、別教は十二品断、円教は四十二品断とする。この円教の四十二品断は、菩薩の四十二位に分かれて無明を断して、妙覚の仏果を得るというに依る。

2　**元品の無明**　四十二品中の最後の一品の無明。

3　**見思を断尽**　見思とは見惑・思惑の意で、思想的な迷いや感情的な迷いをいう。断尽とは断じ尽くすこと。

答《こた》へて云《いわ》く、蛇《じゃ》は七日が内《うち》の大雨《だいう》をしり、烏《からす》は年中《ねんちゅう》の吉《きっ》凶《きょう》をしる。此《こ》れ則《すなわ》ち大龍《だいりゅう》の所従《しょじゅう》、又久学《またくがく》のゆへか。日蓮《にちれん》は凡夫《ぼんぶ》なり。此事《このじ》をしるべからずといえども、汝等《なんだち》にほぼこれをさとさん。彼《か》の周《しゅう》の平王《へいおう》の時《とき》、禿《かむろ》にして裸《はだか》なる者出現《ものしゅつげん》せしを、辛有《しんゆう》といいし者《もの》うらなつて云《いわ》く、

「百年が内《うち》に世《よ》ほろびん」

同《おな》じき幽王《ゆうおう》の時《とき》、山川《さんせん》くづれ、大地《だいち》ふるひき。白陽《はくよう》と云《い》ふ者《もの》勘《かんが》へていはく、

「十二年の内《うち》に大王《だいおう》、事《こと》に値《あわ》せ給《たま》ふべし」

今《いま》の大地震《だいじしん》・大長星《だいちょうせい》等《とう》は国主日蓮《こくしゅにちれん》をにくみて、亡国《ぼうこく》の法《ほう》たる禅宗《ぜんしゅう》と念佛者《ねんぶつしゃ》と真言師《しんごんし》をかたうど(方人)せらるれば、天《てん》いからせ給《たま》ひていださせ給《たま》ふところの災難《さいなん》なり。

問《とう》て云《いわ》く、なにをもつてか此《これ》を信《しん》ぜん。

答《こた》へて云《いわ》く、『最勝王経《さいしょうおうきょう》』に云《いわ》く、

「悪人《あくにん》を愛敬《あいきょう》し、善人《ぜんにん》を治罰《ちばつ》するに由《よ》るが故《ゆえ》に、星宿《せいしゅく》及《およ》び風雨《ふうう》、皆時《みなとき》を以《もっ》て行《おこな》われず」等云云《とううんぬん》。


此経文《このきょうもん》のごときんば、此国《このくに》に悪人《あくにん》のあるを王臣此《おうしんこれ》を帰依《きえ》すという事疑《ことうたが》ひなし。又此国《またこのくに》に智人《ちにん》あり。国主此《こくしゅこれ》をにくみて、あだすという事《こと》も又疑《またうたが》ひなし。又云《またいわ》く、

「三十三天《さんじゅうさんてん》の衆《しゅう》、咸忿怒《みなふんぬ》の心《こころ》を生《しょう》じ、変怪《へんげ》の流星堕《りゅうせいお》ち、二《ふたつ》の日倶時《ひくじ》に出《い》で、他方《たほう》の怨賊来《おんぞくきた》りて、国人喪乱《こくじんそうらん》に遭《あ》わん」

等云云《とううんぬん》。


すでに此国天変《このくにてんぺん》あり地夭《ちよう》あり。他国《たこく》より此《これ》をせむ。三十三天《さんじゅうさんてん》の御《おん》いかり有《あ》ること又疑《またうたが》ひなきか。『仁王経《にんのうきょう》』に云《いわ》く、

「諸《もろもろ》の悪比丘《あくびく》、多《おお》く名利《みょうり》を求《もと》め、国王《こくおう》・太子《たいし》・王子《おうじ》の前《まえ》に於《おい》て、自《みずか》ら破佛法《はぶっぽう》の因縁《いんねん》・破国《はこく》の因縁《いんねん》を説《と》く。其《そ》の王別《おうわきまえ》

ずして此《こ》の語《ことば》を信聴《しんちょう》す」等云云《とううんぬん》。

又云《またいわ》く、

「日月《にちがつ》度《ど》を失《うしな》い、時節《じせつ》反逆《ほんぎゃく》し、或《あるい》は赤日出《しゃくじつい》で、或《あるい》は黒日《こくじつ》出《い》で、二三四五《にさんしご》の日出《ひい》で、或《あるい》は日蝕《にっしょく》して光《ひかり》無《な》く、或《あるい》は日輪一重二重四五重輪現《にちりんいちじゅうにじゅうしごじゅうりんげん》ず」等云云《とううんぬん》。

文《もん》の心《こころ》は悪比丘《あくびく》等国《とうくに》に充満《じゅうまん》して、国王《こくおう》・太子《たいし》・王子《おうじ》等《とう》をたぼらかして、破佛法《はぶっぽう》・破国《はこく》の因縁《いんねん》をとかば、其《そ》の国《くに》の王等《おうとう》、此《こ》の人にたぼらかされてをぼすやう、此《こ》の法《ほう》こそ持佛法《じぶっぽう》の因縁《いんねん》・持国《じこく》の因縁《いんねん》とをもひ、此言《このことば》ををさめ(納)て行《おこな》うならば日月《にちがつ》に変《へん》あり、大風《たいふう》と大雨《だいう》と大火《だいか》等出来《とうしゅったい》し、次《つぎ》には内賊《ないぞく》と申《もう》して親類《しんるい》より大兵乱《だいひょうらん》をこり、我《わ》がかたうど(方人)しぬべき者をば皆打失《みなうちうしな》ひて、後《のち》には他国《たこく》にせめられて、或《あるい》は自殺《じさつ》し、或《あるい》はいけどりにせられ、或《あるい》は降人《こうにん》となるべし。是《これ》偏《ひとえ》に佛法《ぶっぽう》をほろぼし、国《くに》をほろぼす故《ゆえ》なり。

『守護経《しゅごきょう》』に云《いわ》く、

「彼《か》の釈迦牟尼如来《しゃかむににょらい》の所有《しょう》の教法《きょうぼう》は、一切《いっさい》の天魔《てんま》・外道《げどう》・悪人《あくにん》・五通《ごつう》の神仙《しんせん》、皆乃至少分《みなないししょうぶん》をも破壊《はえ》せず。而《しか》るに此《こ》の名相《みょうそう》の諸《もろもろ》の悪沙門《あくしゃもん》、皆悉《みなことごと》く毀滅《きめつ》して余《あま》り有《あ》ること無《な》からしむ。須弥山《しゅみせん》を仮使三千界《たといさんぜんかい》の中《うち》の草木《そうもく》を尽《つ》くして薪《たきぎ》と為《な》し、長時《ちょうじ》に焚焼《ふんしょう》すとも一毫《いちごう》も損《そん》ずること無《な》し。若《も》し劫火《ごうか》[4]起《おこ》りて火内《ひうち》より生《しょう》じ、須臾《しゅゆ》も焼滅《しょうめつ》せんには灰燼《かいじん》をも余《あま》すこと無《な》きが如《ごと》し」等云云《とううんぬん》。

『蓮華面経《れんげめんぎょう》』に云《いわ》く、

「佛《ほとけ》、阿難《あなん》*に告《つ》げたまわく、譬《たと》えば師子《しし》の命終《みょうじゅう》せんに、若《も》しは空《そら》、若《も》しは地《じ》、若《も》しは水《みず》、若《も》しは陸《りく》、所有《しょう》の衆生《しゅじょう》、敢《あえ》て師子《しし》の身《み》の宍《にく》を食《くら》わず。唯師子《ただしし》自《みずか》ら諸《もろもろ》の虫《むし》を生《しょう》じて、

4 **劫火** 四劫の第三壊劫の三災の中の火災をいう。

自《みずか》ら師子《しし》の宍《にく》を食《くら》うが如《ごと》し。阿難《あなん》、我《わ》が佛法《ぶっぽう》は余《よ》の能《よ》く壊《やぶ》るに非《あら》ず。是《こ》れ我《わ》が法《ほう》の中《なか》の諸《もろもろ》の悪比丘《あくびく》、我《わ》が三大阿僧《さんだいあそう》祇劫《ぎこう》に積行《しゃくぎょう》し勤苦《ごんく》して集《あつ》むる所《ところ》の佛法《ぶっぽう》を破《やぶ》らん」等《とう》云云《うんぬん》。

経文《きょうもん》の心《こころ》は、過去《かこ》の迦葉佛《かしょうぶつ》、釈迦如来《しゃかにょらい》の末法《まっぽう》の事《こと》を訖哩《きり》枳王《きおう》にかたらせ給《たま》ひ、釈迦如来《しゃかにょらい》の佛法《ぶっぽう》をば、いかなるものがうしなうべき。大族王《だいぞくおう》*の五天《ごてん》の堂舎《どうしゃ》を焼《や》き払《はら》ひ、十六大国《たいこく》の僧尼《そうに》を殺《ころ》せし、漢土《かんど》の武宗皇帝《ぶそうこうてい》*の九国《こく》の寺塔《じとう》四千六百余所《よしょ》を消滅《しょうめつ》せしめ、僧尼《そうに》二十六万五百人を還俗《げんぞく》せし等《とう》のごとくなる悪人等《あくにんとう》は、釈迦《しゃか》の佛法《ぶっぽう》をば失《うしな》ふべからず。三衣《さんね》[4-5]を身《み》にまとひ、一鉢《いっぱつ》[4-5]を頸《くび》にかけ、八万法蔵《はちまんほうぞう》[5]を胸《むね》にうかべ、十二部経《じゅうにぶきょう》[2-21]を口《くち》にずう(誦)せん僧侶《そうりょ》が彼《か》の佛法《ぶっぽう》を失《うしな》ふべし。譬《たと》へば須弥山《しゅみせん》は金《こがね》の山《やま》なり。三千大千世界《さんぜんだいせんぜかい》の

5　**八万法蔵**　仏の一代の所説を括って法蔵という。

草木《そうもく》をもつて四天《してん》[6]・六欲《ろくよく》[7]に充満《じゅうまん》してつみこめ(積篭)て、一年二年百千万億年が間《あいだ》やくとも、一分《いちぶん》も損《そん》ずべからず。而《しか》るを劫火《ごうか》をこらん時《とき》、須弥《しゅみ》の根《ね》より豆計《まめばか》りの火《ひ》いでて須弥山《しゅみせん》をやくのみならず、三千大千世界《さんぜんだいせんぜかい》をやき失《うしな》うべし。

若《も》し佛記《ぶっき》のごとくならば、十宗《じっしゅう》・八宗《はっしゅう》・内典《ないでん》の僧等《そうとう》が佛教《ぶっきょう》の須弥山《しゅみせん》をば焼《や》き払《はら》うべきにや。小乗《しょうじょう》の倶舎《くしゃ》・成実《じょうじつ》・律《りつ》僧等《そうとう》が大乗《だいじょう》をそねむ胸《むね》の瞋恚《しんに》は炎《ほのお》なり。真言《しんごん》の善無畏《ぜんむい》*等《とう》・禅宗《ぜんしゅう》の三階《さんがい》*等《とう》・浄土宗《じょうどしゅう》の善導《ぜんどう》*等《とう》は、佛教《ぶっきょう》の師子《しし》の肉《にく》より出来《しゅったい》せる蝗虫《こうちゅう》の比丘《びく》なり。伝教大師《でんぎょうだいし》*は三論《さんろん》・法相《ほっそう》・華厳《けごん》等《とう》の日本《にほん》の碩徳等《せきとくとう》を六虫《ろくちゅう》とかかせ給《たま》へり。日蓮《にちれん》は真言《しんごん》・禅宗《ぜんしゅう》・浄土等《じょうどとう》の元祖《がんそ》を三蟲《さんちゅう》となづく。又天台宗《またてんだいしゅう》の慈覚《じかく》*・安然《あんねん》*・慧心等《えしんとう》は『法華経《ほけきょう》』・伝教大師《でんぎょうだいし》の師子《しし》の身《み》の中《なか》の三蟲《さんちゅう》なり。此等《これら》の大謗法《だいほうぼう》の根源《こんげん》をただす日蓮《にちれん》にあだ

6 **四天**　四天とは四天王天で天界の最初。

7 **六欲**　忉利・夜摩・兜率・化樂・他化自在天に、天界の最初、四天王天を加え欲界の六天という。

をなせば、天神《てんじん》もをしみ、地祇《ちぎ》もいからせ給《たま》ひて、災夭《さいよう》も大《おおい》に起《おこ》るなり。されば心《こころ》うべし。一閻浮提第一《いちえんぶだいだいいち》の大事《だいじ》を申《もう》すゆへに、最第一《さいだいいち》の瑞相此《ずいそうここに》をこれり。

あわれなるかなや、なげかしきかなや、日本国《にほんごく》の人皆無《ひとみなむ》間大城《けんだいじょう》に堕《お》ちむ事《こと》よ。悦《よろこ》ばしきかなや、楽《たのし》いかなや、不《ふ》肖《しょう》の身《み》として今度《このたび》心田《しんでん》に佛種《ぶっしゅ》をうえたる。いまにしもみ(見)よ。大蒙古国《だいもうここく》数万艘《すまんそう》の兵船《ひょうせん》をうかべて日本国《にほんごく》をせめば、上一人《かみいちにん》より下万民《しもばんみん》にいたるまで、一切《いっさい》の佛寺《ぶつじ》・一切《いっさい》の神《しん》寺《じ》をばなげすてて、各々声《おのおのこえ》をつるべ(連合)て、南無妙法蓮《なむみょうほうれん》華経《げきょう》、南無妙法蓮華経《なむみょうほうれんげきょう》と唱《とな》へ、掌《たなごころ》を合《あわ》せて、たすけ給《たま》へ日蓮《にちれん》の御房《ごぼう》、日蓮《にちれん》の御房《ごぼう》とさけび候《そうら》はんずるにや。

例《れい》せば月支《がっし》の大族王《だいぞくおう》は、幼日王《ようにちおう》に掌《たなごころ》をあわせ、日本《にほん》の盛時《もりとき》[8]*はかぢわら(梶原)*をうやまう。大慢《だいまん》のものは敵《かたき》に

8　**盛時**　平盛時のことであるが、異本には宗盛と記載。

⑳—12

随《したが》ふという、このことわり（理）なり。彼《か》の軽《きょう》毀《き》大慢《だいまん》の比丘《びく》等《とう》は、始《はじ》めには杖木《じょうもく》をとゝのへ（調）て不軽《ふきょう》菩薩《ぼさつ》を打《う》ちしかども、後《のち》には掌《たなごころ》をあはせて失《とが》をく（悔）ゆ。提婆達多《だいばだった》*は釈尊《しゃくそん》の御身《おんみ》に血《ち》をいだししかども、臨終《りんじゅう》の時《とき》には南無《なむ》と唱《とな》ひたりき。佛《ぶつ》とだに申《もう》したりしかば地獄《じごく》には堕《お》つべからざりしを、業《ごう》ふかくして但南無《ただなむ》とのみとなへて佛《ぶつ》とはいわず。今《いま》日本国《にほんごく》の高僧等《こうそうとう》も南無日蓮聖人《なむにちれんしょうにん》ととなえんとすとも、南無計《なむばか》りにてやあらんずらん。ふびんふびん（不便不便）。

外典《げてん》に云《いわ》く、未萌《みほう》をしるを聖人《せいじん》という。内典《ないでん》に云《いわ》く、三世《さんぜ》を知《し》るを聖人《しょうにん》という。余《よ》に三度《さんど》のかうみやう（高名）あり。

一《いち》には去《いに》し文応元年《ぶんのうがんねん》（太歳庚申《たいさいこうしん》）七月十六日に『立正《りっしょう》安國論《あんこくろん》』を最明寺殿《さいみょうじどの》*に奏《そう》したてまつりし時《とき》、宿谷《やどや》の入道《にゅうどう》*に向《むこう》て云《いわ》く、

第三節　三度の高名

「禅宗《ぜんしゅう》と念佛宗《ねんぶつしゅう》とを失《うしな》ひ給《たもう》べしと申《もう》させ給《たま》へ。此事《このこと》を御《おん》用《もち》ひなきならば、此一門《このいちもん》より事《こと》をこりて、他国《たこく》にせめられさせ給《たま》ふべし」

二《に》には去《いに》し文永《ぶんねい》八年九月十二日申《さる》の時《とき》に、平左衛門尉《へいのさえもんのじょう》*に向《むこう》て云《いわ》く、

「日蓮《にちれん》は日本国《にほんごく》の棟梁《とうりょう》なり。予《われ》を失《うしな》ふは日本国《にほんごく》の柱橦《はしら》を倒《たお》すなり。只今《ただいま》に自界反逆難《じかいほんぎゃくなん》とてどしうち（同士打）して、他《た》国侵逼難《こくしんぴつなん》とて此《こ》の国《くに》の人々《ひとびと》他国《たこく》に打《う》ち殺《ころ》さるるのみならず、多《おお》くいけどり（生捕）にせらるべし。建長寺《けんちょうじ》・寿福寺《じゅふくじ》・極楽寺《ごくらくじ》・大佛《だいぶつ》・長楽寺《ちょうらくじ》等《とう》の一切《いっさい》の念佛者《ねんぶつしゃ》・禅僧《ぜんそう》等《とう》が寺塔《じとう》をばやきはらいて、彼等《かれら》が頸《くび》をゆひ（由比）のはまにて切《き》らずば、日本国《にほんごく》必《かなら》ずほろぶべし」と申《もう》し候了《そうらいおわ》んぬ。

第三《だいさん》には去年《こぞ》（文永《ぶんねい》十一年）四月八日、左衛門尉《さえもんのじょう》に語《かた》り

て云《いわ》く、

「王地《おうじ》に生《うまれ》たれば身《み》をば随《したが》へられたてまつるやうなりとも、心《こころ》をば随《したが》へられたてまつるべからず。念佛《ねんぶつ》の無間獄《むけんごく》、禅《ぜん》の天《てん》魔《ま》の所為《そい》なる事《こと》は疑《うたが》ひなし。殊《こと》に真言宗《しんごんしゅう》が此国土《このこくど》の大《おおい》なるわざはひ（災）にては候《そうろう》なり。大蒙古《だいもうこ》を調伏《じょうぶく》せん事《こと》、真言師《しんごんし》には仰《おお》せ付《つ》けらるべからず。若大事《もしだいじ》を真言師《しんごんし》調伏《じょうぶく》するならば、いよいよいそいで此国《このくに》ほろぶべし」と申《もう》せしかば、
頼綱問《よりつなとう》て云《いわ》く、

「いつごろ（何頃）かよせ候《そうろう》べき」

日蓮《にちれん》[9]言《いわ》く、

「経文《きょうもん》にはいつとはみへ候《そうら》はねども、天《てん》の御《み》けしきいかりすくなからず、きう（急）に見《み》へて候《そうろう》。よも今年《ことし》はすごし候《そうら》はじ」と語《かた》りたりき。

---

9 **日蓮** 異本では「予」と記載。

②―6

此《こ》の三《み》つの大事《だいじ》は、日蓮《にちれん》が申《もう》したるにはあらず。只偏《ただひとえ》に釈迦如来《しゃかにょらい》の御《み》神《たましい》我身《わがみ》に入《い》りかわせ給《たま》ひけるにや。我《わ》が身《み》ながらも悦《よろこ》び身《み》にあまる。『法華経《ほけきょう》』の一念三千《いちねんさんぜん》と申《もう》す大事《だいじ》の法門《ほうもん》はこれなり。経《きょう》に云《いわ》く、「所謂諸法如是相《しょいしょほうにょぜそう》」と申《もう》すは何事《なにごと》ぞ。十如是《じゅうにょぜ》の始《はじめ》の相如是《そうにょぜ》が第一《だいいち》の大事《だいじ》にて候《そうら》へば、佛《ほとけ》は世《よ》にいでさせ給《たま》ふ。「智人《ちにん》は起《き》をしる、蛇《じゃ》はみづから蛇《じゃ》をしる」とはこれなり。衆流《しゅる》あつまりて大海《たいかい》となる。微塵《みじん》つもりて須弥山《しゅみせん》となれり。日蓮《にちれん》が『法華経《ほけきょう》』を信《しん》じ始《はじめ》しは、日本国《にほんごく》には一渧一微塵《いったいいちみじん》のごとし。『法華経《ほけきょう》』を二人・三人・十人・百千万億人唱《とな》え伝《つた》うるほどならば、妙覚《みょうがく》[10]の須弥山《しゅみせん》ともなり、大涅槃《だいねはん》の大海《たいかい》ともなるべし。佛《ほとけ》になる道《みち》は此《これ》よりほかに又《また》もとむる事《こと》なかれ。

問《とう》て云《いわ》く、第二《だいに》の文永《ぶんねい》八年九月十二日の御勘気《ごかんき》の時《とき》は、

10　**妙覚**　菩薩が修行によって至る最後の位。五十二位の第五十二番、四十二地の四十二番目。煩悩を断じ、智恵を完成するため、仏の位と同一視される。

いかにとして我《われ》をそん(損)せば、自他《じた》のいくさをこるべしとはしり給《たま》ふや。

答《こた》ふ、『大集経《だいじっきょう》』(五十)に云《いわ》く、

「若《も》し復《また》諸《もろもろ》の刹利《せつり》[11]・国王《こくおう》諸《もろもろ》の非法《ひほう》を作《な》し、世尊《せそん》の声聞《しょうもん》の弟子《でし》を悩乱《のうらん》し、若《も》しは以《もっ》て毀罵《きめ》し、刀杖《とうじょう》をもて打斫《ちょうしゃく》し、及《およ》び衣鉢《えはつ》種々《しゅじゅ》の資具《しぐ》を奪《うば》ひ、若《も》しは他《た》の給施《きゅうせ》に留難《るなん》を作《な》す者有《ものあ》らば、我等彼《われらかれ》をして自然《じねん》に卒《にわか》に他方《たほう》の怨敵《おんてき》を起《おこ》さしめ、及《およ》び自界《じかい》の国土《こくど》にも亦兵起《またへいおこ》して、飢疫飢饉《きえききん》し、非時《ひじ》の風《ふう》雨《う》、闘諍言訟《とうじょうごんじょう》、譏謗《きほう》せしむ。又其《またそ》の王《おう》をして久《ひさ》しからずして、復当《またまさ》に己《おのれ》が国《くに》を亡失《もうしつ》すべし」等云云《とううんぬん》。

夫《そ》れ諸経《しょきょう》に諸文《しょもん》多《おお》しといえども、此《こ》の経文《きょうもん》は身《み》にあたり、時《とき》にのぞんで殊《こと》に尊《とおと》くをぼうるゆへに、これをせん(撰)じいだす。此《こ》の経文《きょうもん》に我等《われら》と者《は》、梵王《ぼんのう》と帝釈《たいしゃく》と第六天《だいろくてん》の魔《ま》

11　**刹利**　刹帝利といい、インドの古来の四姓の第二の王種をいう。

王《おう》と日月《にちがつ》と四天《してん》等《とう》の三界《さんがい》の一切《いっさい》の天龍等《てんりゅうとう》なり。此等《これら》の上《じょう》主《しゅ》、佛前《ぶつぜん》に詣《けい》して誓《ちか》つて云《いわ》く、

「佛《ほとけ》の滅後《めつご》、正法《しょうぼう》・像法《ぞうぼう》・末代《まつだい》の中《なか》に、正法《しょうぼう》を行《ぎょう》ぜん者《もの》を邪法《じゃほう》の比丘《びく》等《とう》が国主《こくしゅ》にうつたへ(言上)ば、王《おう》に近《ちか》きもの、王《おう》に心《こころ》よせ(寄)なる者、我《わ》がたつとし(尊)とをもう者のいうことなれば、理《り》不尽《ふじん》に是非《ぜひ》を糾《ただ》さず、彼《か》の智人《ちにん》をさんざんとはぢ(恥)にをよばせなんどせば、其故《そのゆえ》ともなく其国《そのくに》ににわか(卒)に大兵乱出現《だいひょうらんしゅつげん》し、後《のち》には他国《たこく》にせめらるべし。其《その》国主《こくしゅ》もうせ　(失)、其国《そのくに》もほろびなんず」ととかれて候《そうろう》。いたひ(痛)とかゆき(痒)とはこれなり。日蓮《にちれん》[6-9]が身《み》には今《こん》生《じょう》にはさせる失《とが》なし。但国《ただくに》をたすけんがため、生国《しょうこく》の恩《おん》をほうぜんと申《もう》せしを、御用《おんもち》ひなからんこそ本意《ほんい》にあらざるに、あまさへ(剰)召《め》し出《いだ》して、『法華経《ほけきょう》』の第五《だいご》の巻《まき》を懐中《かいちゅう》

せるをとりいだして、さんざんとさいなみ(呵責)、結句《けっく》はこうぢ(小路)をわたし(渡)なんどせしかば、申《もう》したりしなり。

「日月《にちがつ》、天《てん》に処《しょ》し給《たま》ひながら、日蓮《にちれん》が大難《だいなん》にあうを今度《こんど》かわ(代)らせ給《たま》はずば、一つには日蓮《にちれん》が法華経《ほけきょう》の行者《ぎょうじゃ》ならざるか、忽《たちまち》に邪見《じゃけん》をあらたむべし。若《も》し日蓮《にちれん》法華経《ほけきょう》の行者《ぎょうじゃ》ならば、忽《たちまち》に国《くに》にしるし(験)を見《み》せ給《たま》へ。若《も》ししからずは、今《いま》の日月等《にちがつとう》は釈迦《しゃか》・多宝《たほう》・十方《じっぽう》の佛《ほとけ》をたぶらかし奉《たてまつ》る大妄《だいもう》語《ご》の人《ひと》なり。提婆《だいば》が虚誑罪《こおうざい》[12]、倶伽利《くぎゃり》*が大妄語《だいもうご》にも百千万億倍すぎさせ給《たま》へる大妄語《だいもうご》の天《てん》なり」

と声《こえ》をあげて申《もう》せしかば、忽《たちまち》に出来《しゅったい》せる自界反逆難《じかいほんぎゃくなん》なり。されば国土《こくど》いたくみだれ(乱)ば、我身《わがみ》はいうにかひなき凡夫《ぼんぶ》なれども、御経《おんきょう》を持《たも》ちまいらせ候《そうろう》分斉《ぶんざい》は、当世《とうせい》には日本第一《にほんだいいち》の大人《だいにん》なりと申《もう》すなり。

---

12 **虚誑罪** 十悪の一で悪心を以て、ことさらに他人を欺く罪。

問《とう》て云《いわ》く、慢煩悩《まんぼんのう》[13]は七慢《しちまん》・九慢《きゅうまん》・八慢《はちまん》あり。汝《なんじ》が大慢《だいまん》は佛教《ぶっきょう》に明《あか》すところの大慢《だいまん》にも百千万億倍すぐれたり。彼《か》の徳光論師《とくこうろんじ》は弥勒菩薩《みろくぼさつ》を礼《らい》せず、大慢婆羅門《だいまんばらもん》は四聖《ししょう》を座《ざ》とせり。大天《だいてん》*は凡夫《ぼんぷ》にして阿羅漢《あらかん》となのる、無垢論師《むくろんじ》が五《ご》天第一《てんだいいち》といいし、此等《これら》は皆阿鼻《みなあび》に堕《お》ちぬ。無間《むけん》の罪人《ざいにん》なり。汝《なんじ》いかでか一閻浮提第一《いちえんぶだいだいいち》の智人《ちにん》となのれる、大地獄《だいじごく》に堕《お》ちざるべしや。をそろしをそろし。

答《こた》へて云《いわ》く、汝《なんじ》は七慢《しちまん》・九慢《きゅうまん》・八慢等《はちまんとう》をばしれりや。大覚《だいがく》世尊《せそん》は三界第一《さんがいだいいち》となのらせ給《たま》ふ。一切《いっさい》の外道《げどう》が云《いわ》く、

「只今天《ただいまてん》に罰《ばっ》せらるべし。大地《だいじ》われて入《い》りなん」

日本国《にほんごく》の七寺《しちじ》、三百余人が云《いわ》く、

「最澄法師《さいちょうほっし》は大天《だいてん》が蘇生《そせい》か、鐵腹《てっぷく》*が再誕《さいたん》か」等云云《とううんぬん》。

而《しか》りといえども天《てん》も罰《ばっ》せず、かへ(返)て左右《さう》を守護《しゅご》し、地《じ》も

13　**慢煩悩**　倶舎論より慢とは他と比較し心を高ぶらせることをいう。七慢、八慢、九慢がある。

七慢　①慢　(劣なるを我は勝いう)
②過　慢　(等きを我は勝といい、勝なるを我と等しいという)
③慢過慢　(勝なるを誇張していう)
④我　慢　(我は所有すると執着し高慢になる)
⑤増上慢　(未だ悟っていないのに、悟っているという)
⑥卑　慢　(他に勝なるを我を卑下する)
⑦邪　慢　(悪行を行い楽しみ高ぶる)

八慢　八慢に大慢を加えるが、大慢は過慢と同義である。七慢であり、八慢とはいえない。

九慢　①我勝慢　(等類なるを我勝とす・過慢)
②我等慢　(勝類に我等とす・慢)
③我劣慢　(勝類に我劣と卑下す・卑慢)
④有勝我慢　(他を我より勝とす・卑慢)
⑤有等我慢　(他を我と等しいとす・慢)
⑥有劣我慢　(他を我より劣とす・過慢)
⑦無勝我慢　(他を我よりも優れずとす・慢)
⑧無等我慢　(他を我と等しからずとす・過慢)
⑨無劣我慢　(他を我と劣らずとす・卑慢)

われず、金剛座《こんごうざ》となりぬ。伝教大師《でんぎょうだいし》は叡山《えいざん》を立《た》てて、一切《いっさい》衆生《しゅじょう》の眼目《がんもく》となる。結句七大寺《けっくしちだいじ》は落《お》ちて弟子《でし》となり、諸国《しょこく》は檀那《だんな》となる。されば現《げん》に勝《すぐ》れたるを勝《すぐ》れたりという事《こと》は慢《まん》ににて大功徳《だいくどく》となりけるか。伝教大師《でんぎょうだいし》云《いわ》く、

「天台法華宗《てんだいほっけしゅう》の諸宗《しょしゅう》に勝《すぐ》れたるは、所依《しょえ》の経《きょう》に拠《よ》るが故《ゆえ》に、自讃毀他《じさんきた》にあらず」等云云《とううんぬん》。

『法華経《ほけきょう》』第七《だいしち》に云《いわ》く、

「衆山《しゅせん》の中《なか》に須弥山《しゅみせん》為《こ》れ第一《だいいち》なり。此《こ》の『法華経《ほけきょう》』も亦復《またまた》是《かく》の如《ごと》し。諸経《しょきょう》の中《なか》に於《おい》て最《もっと》も為《こ》れ其《そ》の上《かみ》なり」等云云《とううんぬん》。

此《こ》の経文《きょうもん》は、已説《いせつ》の『華厳《けごん》』・『般若《はんにゃ》』・『大日経《だいにちきょう》』等《とう》、今説《こんせつ》の『無量義経《むりょうぎきょう》』、当説《とうせつ》の『涅槃経《ねはんぎょう》』等《とう》の五千・七千、月支《がっし》・龍《りゅう》宮《ぐう》・四王天《しおうてん》6―7・忉利天《とうりてん》1―8、日月《にちがつ》の中《なか》の一切経《いっさいきょう》、尽十方界《じんじっぽうかい》の諸経《しょきょう》は、土山《どせん》・黒山《こくせん》・小鉄囲山《しょうてっちせん》・大鉄囲山《だいてっちせん》3―24のごとし。日《に》

㉓―34

本国《ほんごく》にわたらせ給《たま》へる『法華経《ほけきょう》』は須弥山《しゅみせん》のごとし。

又云《またいわ》く、

「能《よ》く是《こ》の経典《きょうでん》を受持《じゅじ》することあらん者《もの》も亦復《またまた》是《かく》の如《ごと》し。一切衆生《いっさいしゅじょう》の中《なか》に於《おい》て亦為《またこ》れ第一《だいいち》なり」等云云《とううんぬん》。

此《こ》の経文《きょうもん》をもつて案《あん》ずるに、『華厳経《けごんぎょう》』を持《たも》てる普賢菩薩《ふげんぼさつ》・解脱月菩薩等《げだつがつぼさつとう》・龍樹菩薩《りゅうじゅぼさつ》・馬鳴菩薩《めみょうぼさつ》・法蔵大師《ほうぞうだいし》・清涼国師《しょうりょうこくし》・則天皇后《そくてんこうごう》・審祥大徳《しんじょうだいとく》・良弁僧正《ろうべんそうじょう》・聖武天皇《しょうむてんのう》、『深密《じんみつ》』・『般若経《はんにゃきょう》』を持《たも》てる勝義生菩薩《しょうぎしょうぼさつ》・須菩提尊者《しゅぼだいそんじゃ》・嘉祥大師《かじょうだいし》・玄奘三蔵《げんじょうさんぞう》・太宗《たいそう》・高宗《こうそう》・観勒《かんろく》・道昭《どうしょう》・孝徳天皇《こうとくてんのう》、真言宗《しんごんしゅう》・『大日経《だいにちきょう》』を持《たも》てる金剛薩埵《こんごうさった》・龍猛菩薩《りゅうみょうぼさつ》・龍智菩薩《りゅうちぼさつ》・印生王《いんしょうおう》・善無畏三蔵《ぜんむいさんぞう》・金剛智三蔵《こんごうちさんぞう》・不空三蔵《ふくうさんぞう》・玄宗《げんそう》・代宗《だいそう》・恵果《けいか》・弘法大師《こうぼうだいし》・慈覚大師《じかくだいし》、『涅槃経《ねはんぎょう》』を持《たも》ちし迦葉童子菩薩《かしょうどうじぼさつ》・五十二類《ごじゅうにるい》・曇無讖三蔵《どんむしんさんぞう》・光宅寺法雲《こうたくじほううん》・南三北七《なんさんほくしち》の十師《じっし》

㉓−27

等《とう》よりも、末代悪世《まつだいあくせ》の凡夫《ぼんぶ》の一戒《いっかい》も持《たも》たず、一闡提《いっせんだい》[4-4]のごとくに人《ひと》には思《おも》はれたれども、経文《きょうもん》のごとく已今当《いこんとう》にすぐれて『法華経《ほけきょう》』より外《ほか》は佛《ほとけ》になる道《みち》なしと強盛《ごうじょう》に信《しん》じて、而《しか》も一分《いちぶん》の解《げ》なからん人々《ひとびと》は、彼等《かれら》の大聖《だいしょう》には百千億倍のまさりなりと申《もう》す経文《きょうもん》なり。

彼《か》の人々《ひとびと》は或《あるい》は彼《か》の経々《きょうぎょう》に且《しばら》く人《ひと》を入《い》れて、『法華経《ほけきょう》』へうつさんがためなる人《ひと》もあり。或《あるい》は彼《か》の経《きょう》に著《ちゃく》をなして『法華経《ほけきょう》』へ入《い》らぬ人《ひと》もあり。或《あるい》は彼《か》の経々《きょうぎょう》に留逗《とどまる》のみならず、彼《か》の経々《きょうぎょう》を深《ふか》く執《しゅう》するゆへに、『法華経《ほけきょう》』を彼《か》の経《きょう》に劣《おと》る」という人《ひと》もあり。

されば今法華経《いまほけきょう》の行者《ぎょうじゃ》は心《こころ》うべし。

「譬《たと》へば一切《いっさい》の川流江河《せんるこうが》の諸水《しょすい》の中《なか》に、海為《うみこ》れ第一《だいいち》なるが如《ごと》く、『法華経《ほけきょう》』を持《たも》つ者《もの》も亦復是《またまたかく》の如《ごと》し」

㉓—29

法華秀句

又《また》、

「衆星《しゅしょう》の中《なか》に月天子《がってんじ》最《もっと》も為《こ》れ第一《だいいち》なるが如《ごと》く、『法華経《ほけきょう》』を持《たも》つ者《もの》も亦復是《またまたかく》の如《ごと》し」等《とう》と御心《おんこころ》えあるべし。

当世日本国《とうせいにほんごく》の智人等《ちにんとう》は衆星《しゅせい》のごとし、日蓮《にちれん》は満月《まんげつ》のごとし。

問《とう》て云《いわ》く、古《いにし》へかくのごとくいえる人ありや。

答《こた》へて云《いわ》く、伝教大師《でんぎょうだいし》の云《いわ》く、

「当《まさ》に知《し》るべし、他宗所依《たしゅうしょえ》の経《きょう》は未《いま》だ最《もっと》も為《こ》れ第一《だいいち》ならず。其《そ》の能《よ》く経《きょう》を持《たも》つ者《もの》も亦未《またいま》だ第一《だいいち》ならず。天台法華《てんだいほっけ》宗《しゅう》は所持《しょじ》の経《きょう》最《もっと》も為《こ》れ第一《だいいち》なるが故《ゆえ》に、能《よ》く法華《ほっけ》を持《たも》つ者《もの》も亦衆生《またしゅじょう》の中《なか》の第一《だいいち》なり。已《すで》に佛説《ぶっせつ》に拠《よ》る、豈自歎《あにじたん》ならんや」等云云《とううんぬん》。

夫《そ》れ騏驎《きりん》の尾《お》につけるだに（蚋）の一日《にち》に千里《せんり》を飛《と》ぶといい、輪王《りんのう》に随《したが》へる劣夫《れっぷ》の須臾《しゅゆ》に四天下《してんげ》をめぐるというをば難《なん》ず

依憑集

③—125

⑪—4

㉑—3、13

べしや、疑《うたが》ふべしや。「豈《あ》に自歎《じたん》や」の釈《しゃく》は肝《きも》にめひ(銘)ずるか。若《も》し爾《しか》らば、『法華経《ほけきょう》』を経《きょう》のごとくに持《たも》つ人は、梵王《ぼんのう》にもすぐれ、帝釈《たいしゃく》にもこえたり。脩羅《しゅら》を随《したが》へば須弥山《しゅみせん》をもにないぬべし。龍《りゅう》をせめつかわ(使役)ば、大海《たいかい》をもくみほしぬべし。伝教大師《でんぎょうだいし》云《いわ》く、

「讃《ほ》むる者《もの》は福《ふく》を安明《あんみょう》[14]に積《つ》み、謗《そし》る者《もの》は罪《つみ》を無間《むけん》に開《ひら》く」等云云《とううんぬん》。

『法華経《ほけきょう》』に云《いわ》く、

「経《きょう》を読誦《どくじゅ》し書持《しょじ》することあらん者《もの》を見《み》て、軽賤憎嫉《きょうせんぞうしつ》して結恨《けっこん》を懐《いだ》かん。乃至《ないし》、其《そ》の人命終《ひとみょうじゅう》して阿鼻獄《あびごく》に入《いら》ん」等《とう》云云《うんぬん》。

教主釈尊《きょうしゅしゃくそん》の金言《きんげん》まことならば、多宝佛《たほうぶつ》の証明《しょうみょう》たがわずば、十方《じっぽう》の諸佛《しょぶつ》の舌相一定《ぜっそういちじょう》ならば、今日本国《いまにほんごく》の一切衆生《いっさいしゅじょう》、

14 **安明** 須弥山の訳名。

無間地獄《むけんじごく》に堕《お》ちん事疑《ことうたが》ふべしや。

『法華経《ほけきょう》』の八の巻《まき》に云《いわ》く、

[㉘—32] 「若《も》し後《のち》の世《よ》に於《おい》て、是《こ》の経典《きょうでん》を受持《じゅじ》し読誦《どくじゅ》せん者《もの》は、乃《ない》至《し》、所願虚《しょがんむな》しからず、亦現世《またげんぜ》に於《おい》て其《そ》の福報《ふくほう》を得《え》ん」

又云《またいわ》く、

[㉘—34] 「若《も》し之《これ》を供養《くよう》し讃歎《さんだん》することあらん者《もの》は、当《まさ》に今世《こんぜ》に於《おい》て現《げん》の果報《かほう》を得《う》べし」等云云《とううんぬん》。

此《こ》の二つの文《もん》の中《なか》に「亦於現世得其福報《やくおげんぜとくごふくほう》」の八字《はちじ》、「当於今世《とうおこんぜ》得現果報《とくげんかほう》」の八字《はちじ》、已上十六字《いじょうじゅうろくじ》の文《もん》むなしくて、日蓮今生《にちれんこんじょう》に大果報《だいかほう》なくば、如来《にょらい》の金言《きんげん》は提婆《だいば》が虚言《きょげん》に同《おな》じく、多宝《たほう》の証明《しょうみょう》は倶伽利《くぎゃり》が妄語《もうご》に異《こと》ならじ。謗法《ほうぼう》の一切衆生《いっさいしゅじょう》も阿鼻地獄《あびじごく》に堕《お》つべからず。三世《さんぜ》の諸佛《しょぶつ》もましまさざるか。されば我弟子《わがでし》等《ら》心《こころ》みに法華経《ほけきょう》のごとく、身命《しんみょう》もをしまず修《しゅ》行《ぎょう》して、此度《このたび》佛法《ぶっぽう》を心《こころ》みよ、南無妙法蓮華経《なむみょうほうれんげきょう》、南無妙《なむみょう》法蓮華経《ほうれんげきょう》。

コラム6　年表　末法

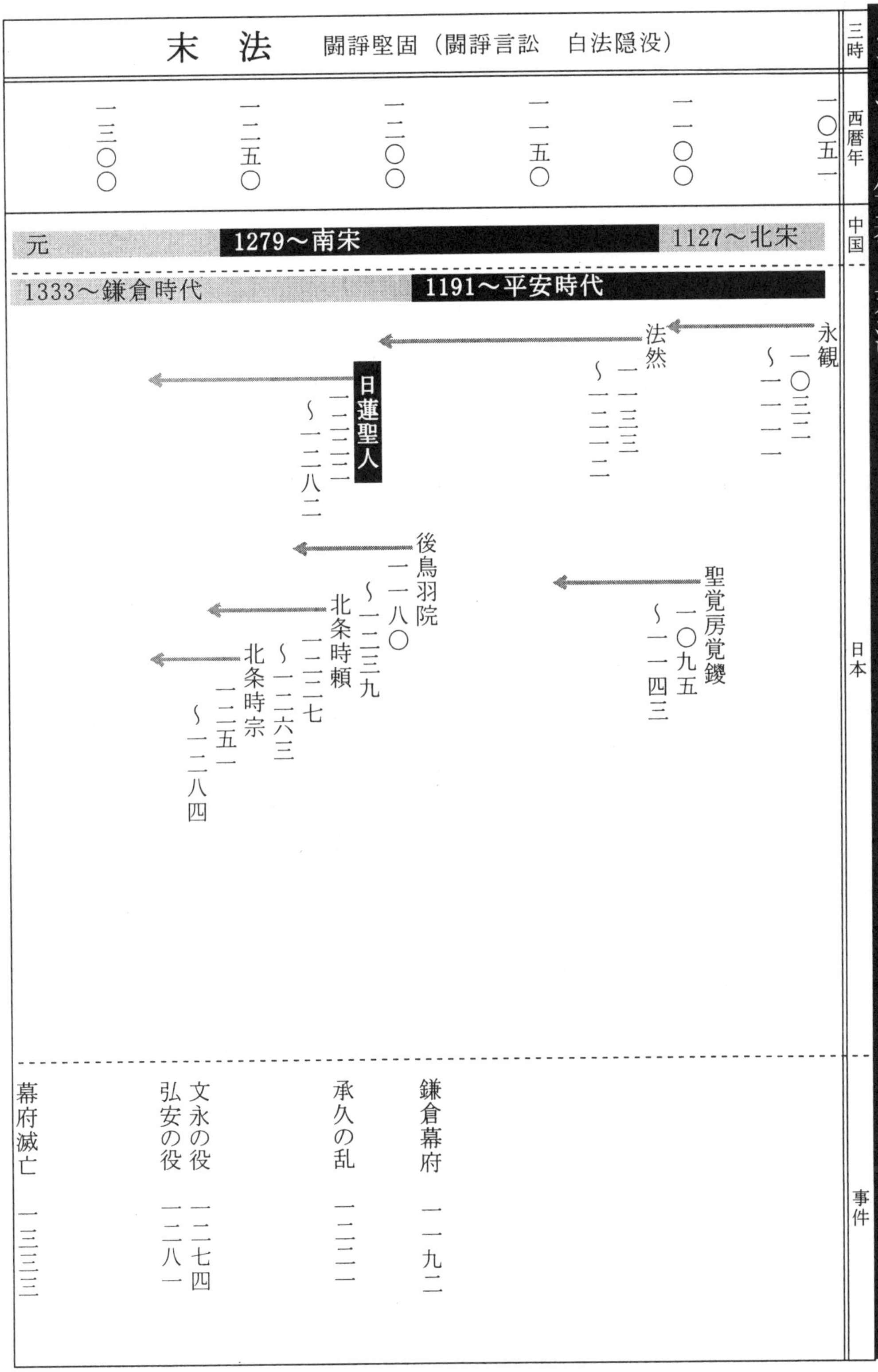
三時
末法　闘諍堅固（闘諍言訟　白法隠没）
西暦年
一〇五一
一一〇〇
一一五〇
一二〇〇
一二五〇
一三〇〇
中国
1127～北宋
1279～南宋
元
1191～平安時代
1333～鎌倉時代
日本
永観 一〇三二～一一一一
法然 一一三三～一二一二
日蓮聖人 一二二二～一二八二
聖覚房覚鑁 一〇九五～一一四三
後鳥羽院 一一八〇～一二三九
北条時頼 一二二七～一二六三
北条時宗 一二五一～一二八四
事件
鎌倉幕府 一一九二
承久の乱 一二二一
文永の役 一二七四
弘安の役 一二八一
幕府滅亡 一三三三

梶原景時【かじわらかげとき】源頼朝の武将。頼朝の意を受け、源義経の失脚に功をなした。頼朝死後、有力御家人と争い敗死した。

徽宗皇帝【きそうこうてい】中国北宋第八の皇帝。遊楽にふけり、老子を尊び、仏教を廃し、国力を衰退させた。隣国の金の侵攻にあい、欽宗とともに捕虜として捕らえられ、北宋は滅亡した。

欽宗皇帝【きんそうこうてい】一一〇〇～一一六一。北宋第九の皇帝。在位二年で国が滅び、隣国の金に捕らえられる。

顕真座主【けんしんざす】叡山六一代の座主。平安末期。顕教密教に通じていたが、法然の講、大原問答より浄土に帰依した。

高宗皇帝【こうそうこうてい】一一〇七～一一八七。隣国金の攻勢を受け、南宋に逃れた後の第一皇帝。

後鳥羽院【ごとばいん】一一八〇～一二三九。八三代天皇。安徳天皇が平家とともに、都落ちした際に、即位する。和歌と武術を好み、『新古今和歌集』を選定した。土御門天皇に位を譲り、上皇となる。政権を鎌倉幕府から、帝政に取り戻そうとする。承久三年五月一四日、北条義時追討の宣旨を発するが、一ヶ月で破れ、隠岐に島流しとなり、その地で死す。

最明寺入道時頼【さいみょうじにゅうどうときより】一二二七～一二六三。五代執権北条時頼の通称。二十才にして執権職を継ぐ。宋僧道隆について禅法をうけ、建長寺を建立する。後に出家し、執権職を長時にゆだね、最明寺にこもる。三十七才にして座禅結印して逝く。

権の大夫【こんのたゆう】一一六三～一二二四。鎌倉幕府の初代執権北条義時。源頼朝に仕え、鎌倉幕府成立に功をなしたが頼朝の死後、将軍後見人として政治的主導権を握った。幕府内の有力御家人を、次々と討伐し主導権を増していったが、武家を重んじ、公家を軽んじたため、承久の乱を引き起こした。出兵に際して「後鳥羽院自らが出陣されたなら、速やかに降伏せよ」と命じたと伝えられる。幕府の勝利後、後鳥羽院を島流しにするなど、幕府の権力の増大につとめた。

聖覚房覚鑁【しょうかくぼうかくばん】一〇九五～一一四三。新義真言宗の祖。南都において出家し、また三論、法相も学ぶ。そして密教灌頂を受け、高野山に登り、密教の奥義を究める。鳥羽上皇の御願寺として、根来山に伝法院を建立する。しかしながら一山の嫉嫌を受け、一門とともに根来に去り、別に一派を立てる。高野山の古義派にたいし、新義と称す。

平左衛門尉頼綱【へいのさえもんのじょうよりつな】～一二九三。平頼綱は源平合戦において、源氏に下った平家の末裔である。祖父などが承久の乱などで功があり、北条家の家令の一族となった。頼綱は家司と侍所を兼務していた。家司は執権の執事であり、政治上の権力を持つ。侍所は兵馬、警察権を持ち、頼綱は政兵の大権を一身に持っていた。また父祖三代に渡る蓄積も、幕府内への影響力を持っていたが、晩年、息子を執権につけようとしたと、訴えられ討伐された。日興聖人は「法華現罰を蒙れり」と記されている。

北条時宗【ほうじょうときむね】一二五一～一二八四。鎌倉幕府の執権。最明寺時頼の嫡子。蒙古の国書が到来したとき、執権職に就き問題の処理につとめた。二月騒動において庶兄の時輔を討伐するなど、北条氏得宗家の専制化を押し進めた。得宗家の主導のもと、文永弘安の両度の蒙古合戦を切

り抜け、いよいよ鎌倉幕府の権勢は高まったように見えたが、時宗は三十三歳で没し、論功行賞問題、再度の蒙古襲来に備える九州沿岸警備など、御家人への負担が強まり、鎌倉幕府滅亡の遠因を残した。

法然【ほうねん】一一三三～一二一二。日本浄土宗の開祖。比叡山にて天台を学び、密教と、円頓戒を受ける。四方に遊学し、諸宗の奥義をも学ぶ。善導の『観経の疏』を見て念仏宗に帰す。関白藤原兼実のために『選択本願念仏集』を著す。一時、讃岐に流されたが、許され帰京後、死す。法然により観想念仏より、称名念仏が興隆した。

盛時【もりとき】原文中「宗盛」とも記されている。原文の文脈によると、宗盛が正意。平清盛の第三子として生まれ、兄重盛、基盛の死後、平家の総帥となる。壇ノ浦で海中に身を投じるが捕虜となり、鎌倉にて源頼朝の前で処刑された。

宿屋入道【やどやにゅうどう】宿谷光則とも称す。北条時頼、時宗の近侍。極楽寺良観を師事し念仏、律を守る入道であった。日蓮聖人は時宗への諫状『立正安國論』を、宿屋入道を通し上奏した。その後、龍口法難をへて、日朗聖人を土牢に保護し、『法華経』に帰伏した。

永観【ようかん】一〇三二～一一一一南都東大寺の僧。三論宗を学び、諸宗に通じていた。晩年極楽往生を願い『往生十因』『往生講式』などを著した。

抑《そもそ》も此《こ》の『法華経《ほけきょう》』の文《もん》に、

「我身命《われしんみょう》を愛《あい》せず、但無上道《ただむじょうどう》を惜《おし》む」

『涅槃経《ねはんぎょう》』に云《いわ》く、

「譬《たと》へば王使《おうし》の善能談論《よくだんろん》して、方便《ほうべん》に巧《たくみ》なる、命《めい》を他国《たこく》に奉《う》くるに、寧《むし》ろ身命《しんみょう》を喪《うしな》ふとも、終《つい》に王《おう》の所説《しょせつ》の言教《ごんきょう》を匿《かく》さざるが如《ごと》し。智者《ちしゃ》も亦爾《またしか》なり。凡夫《ぼんぶ》の中《なか》に於《おい》て身命《しんみょう》を惜《おし》まず、要必大乗方等《かならずだいじょうほうどう》、如来《にょらい》の秘蔵《ひぞう》、一切衆生皆佛性有《いっさいしゅじょうみなぶっしょうあ》りと宣説《せんぜつ》すべし」等云云《とううんぬん》。

いかやうなる事《こと》のあるゆへに、身命《しんみょう》をすつるまでにてあるやらん。委細《いさい》にうけ給《たま》はり候《そうら》はん。

答《こた》へて云《いわ》く、予《よ》が初心《しょしん》の時《とき》の存念《ぞんねん》は伝教《でんぎょう》*・弘法《こうぼう》*・慈覚《じかく》*・智証等《ちしょうとう》の勅宣《ちょくせん》を給《たま》ふて漢土《かんど》にわたりし事《こと》の「我不愛身命《がふあいしんみょう》」にあたれる歟《か》。玄奘三蔵《げんじょうさんぞう》*の漢土《かんど》より月氏《がっし》に入《い》りしに六生《ろくしょう》が間《あいだ》、身命《しんみょう》をほろぼしし、これ等《ら》歟《か》。雪山童子《せっせんどうじ》の半偈《はんげ》のために身《み》をなげ、薬王菩薩《やくおうぼさつ》の七万二千歳が間《あいだ》、臂《ひじ》をやきし事《こと》歟《か》。なんどをもひしほどに、経文《きょうもん》のごときんば此等《これら》にはあらず。

⑬-25　経文《きょうもん》に「我不愛身命《がふあいしんみょう》」と申《もう》すは、上《かみ》に三類《さんるい》の敵人《てきにん》をあげて、彼等《かれら》がのり(罵)、せめ、刀杖《とうじょう》に及《およ》んで身命《しんみょう》をうばうとも、とみへたり。又《また》『涅槃経《ねはんぎょう》』の文《もん》に「寧喪身命《にょうそうしんみょう》」等《とう》ととかれて候《そうろう》は、次《つ》ぎ下《しも》の経文《きょうもん》に云《いわ》く、

「一闡提《いっせんだい》4-4有《あ》り。羅漢《らかん》の像《すがた》を作《な》し、空処《くうしょ》に住《じゅう》し、方等経《ほうどうきょう》典《でん》を誹謗《ひぼう》す。諸《もろもろ》の凡夫《ぼんぶ》・人《ひと》見已《みおわ》りて、皆真《みなしん》の阿羅漢《あらかん》、是《こ》れ大菩薩《だいぼさつ》なりと謂《おも》はん」等云云《とううんぬん》。

彼《か》の『法華経《ほけきょう》』の文《もん》に第三《だいさん》の敵人《てきにん》を説《とき》て云《いわ》く、

⑬-19　「或《あるい》は阿蘭若《あらんにゃ》に納衣《のうえ》にして空閑《くうげん》に在《あ》つて、乃至《ないし》、世《よ》に恭敬《くぎょう》

⑬—20 せらるること、六通《ろくつう》の羅漢《らかん》の如《ごと》きあらん」等云云《とううんぬん》。

『般泥洹経《はつないおんぎょう》』に云《いわ》く、

「羅漢《らかん》に似《に》たる一闡提《いっせんだい》有《あ》りて、悪業《あくごう》を行《ぎょう》ず」等云云《とううんぬん》。

此等《これら》の経文《きょうもん》は、正法《しょうぼう》の強敵《ごうてき》と申《もう》すは、悪王《あくおう》・悪臣《あくしん》よりも、外道《げどう》・魔王《まおう》よりも、破戒《はかい》の僧侶《そうりょ》よりも、持戒有智《じかいうち》の大僧《だいそう》の中《なか》に大謗法《だいほうぼう》の人あるべし。されば妙楽大師《みょうらくだいし》*かひて云《いわ》く、

法華文句記 「第三最《だいさんもっと》も甚《はなはだ》し、後後《ごご》の者は転《うた》た識《し》り難《がた》きを以《もっ》ての故《ゆえ》なり」等云云《とううんぬん》。

『法華経《ほけきょう》』の第五《だいご》の巻《まき》に云《いわ》く、

⑭—66 「此《こ》の『法華経《ほけきょう》』は諸佛如来《しょぶつにょらい》の秘密《ひみつ》の蔵《ぞう》なり。諸経《しょきょう》の中《なか》に於《お》て最《もっと》も其《そ》の上《かみ》に在《あ》り」等云云《とううんぬん》。

此経文《このきょうもん》に「最在其上《さいざいごじょう》」の四字《よじ》あり。されば此経文《このきょうもん》のごときんば、『法華経《ほけきょう》』を一切経《いっさいきょう》の頂《いただき》にありと申《もう》すが法華経《ほけきょう》の

⑪—42

行者《ぎょうじゃ》にてはあるべきか。而《しか》るを又国《またくに》に尊重《そんじゅう》せらるる人々《ひとびと》あまた(数多)ありて、『法華経《ほけきょう》』にまさりてをはする経々《きょうぎょう》ましますと申《もう》す人にせめあひ(責合)候《そうら》はん時《とき》、かの人は王臣《おうしん》等御帰依《とうごきえ》あり、法華経《ほけきょう》の行者《ぎょうじゃ》は貧道《ひんどう》なるゆへに、国《くに》こぞつ(挙)てこれをいやし(賤)み候《そうら》はん時《とき》、不軽菩薩《ふきょうぼさつ》のごとく、賢愛論師《けんあいろんじ》がごとく、申《もう》しつを(強)らば身命《しんみょう》に及《およ》ぶべし。此《これ》が第《だい》一の大事《だいじ》なるべしとみへて候《そうろう》。此事《このじ》は今《いま》の日蓮《にちれん》が身《み》にあたれり。予《よ》が分斉《ぶんざい》として弘法大師《こうぼうだいし》・慈覚大師《じかくだいし》・善無畏三蔵《ぜんむいさんぞう》*・金剛智三蔵《こんごうちさんぞう》*・不空三蔵《ふくうさんぞう》*なんどを法華経《ほけきょう》の強敵《ごうてき》なり、経文《きょうもん》まことならば無間地獄《むけんじごく》は疑《うたが》ひなし、なんど申《もう》すは、裸《ら》形《ぎょう》にして大火《だいか》に入《い》るはやすし、須弥山《しゅみせん》を手《て》にと(把)てなげんはやすし、大石《だいせき》を負《お》て大海《たいかい》をわたらんはやすし、日本国《にほんごく》にして此《こ》の法門《ほうもん》を立《た》てんは大事《だいじ》なるべし云云《うんぬん》。

霊山浄土《りょうぜんじょうど》の教主釈尊《きょうしゅしゃくそん》・宝浄世界《ほうじょうせかい》の多宝佛《たほうぶつ》・十方分身《じっぽうふんじん》の諸佛《しょぶつ》・地涌千界《じゆせんがい》の菩薩等《ぼさつとう》、梵釈《ぼんしゃく》・日月《にちがつ》・四天等《してんとう》、冥《みょう》に加《か》し顕《けん》に助《たす》け給《たま》はずば、一時一日も安穏《あんのん》なるべしや。

撰時抄意訳

上巻意訳

第一章　仏法と時

第一節　時を糺す　13頁

夫れ仏法を学せん法は、必ず先づ時をならうべし。

過去の大通智勝仏は、十小劫もの長い間、説教されなかった。経には「一座十小劫」と。また「仏は説法するべき時ではないと、説法を請われても黙って座禅を続けられた。」と説かれている。教主釈尊も、悟られてから四十余年の間、法華経を説かれなかった。経には「説くべき時ではなかったから」と説かれている。

外典によると、老子は母親の母胎に八十年宿っていたという。内典によれば、弥勒菩薩は兜卒天の内院に籠られて、五十六億七千万年の間、成道の時を待たれている。

ホトトギスは初夏に鳴き、鶏は夜明けを待つ。動物でも時をわきまえているのである。ゆえに仏法の修行者は時について糾さなければならない。

釈尊が悟られ最初の華厳の説法においては、十方から諸仏が現れ、すべての大菩薩が集まられた。梵天王・四天王は衣をひるがえして喜び、龍神八部は仏に合掌した。凡夫の中でも智慧の優れた者は耳をそばだてた。娑婆世界において、肉身のまま仏の悟りの一分を得た解脱月菩薩などは説法を願った。しかし、釈尊は二乗作仏、久遠実成の二大法門を説かず、即身成仏、一念三千なども述べられなかった。これら華厳の時の大衆は機根のある者もいた。しかし、全員のためには説くべきでなかった。法華経には「説く時が未だ至らざるが故に」と説かれている。

釈尊が霊鷲山で法華経を説かれた時には、世界第一の不幸者と言われた阿闍世王も説法の座に列なった。一生を謗法に費やした提婆達多には天王如来の名を授け成仏の記別を授けた。五つの障りのある龍女は蛇身のまま仏となった。これら仏になれないと決定されていた者が成仏したのは、炒った種が芽を出し花を咲かせ、実をつけるような不思議なことである。久遠実成などは、百歳の老人が二十五歳の青年の子供である、というほどに人々は疑った。一念三千の法門は九界即ち仏界であり、仏界即ち九界と説く。ゆえに法華経の一字は万宝を降らすといわれる如意宝珠であり、一句は仏の種子なのである。これらは人々の信仰・智慧の問題、つまり機の熟不熟ではなく、説くべき時がきたからである。経には「今は正しく説く時である。心を定めて、大乗を説く」と説かれている。

第二節　経と機と時の関係　15頁

問う。信仰や智慧のない者に、大法を授ければ、愚人は大法をかえって誇り悪道に落ちるだろう。これは大法を説いた者の罪になるのではないか。

答える。人が道を造り、その道に迷う者がでれば、それは道を造った者の罪だろうか。良医が薬を病人にあたえ、病人が薬を嫌って飲まずに死んだとすれば、良医の罪になるのだろうか。

さらに尋ねる。法華経の第二巻の譬喩品に「無智な人の中では、この経を説くな」第四巻の法師品に「妄りに多くの人に、この経を授与してはならない」第五巻の安楽行品には「この法華経は諸仏の秘蔵の法門であり、諸経の中で第一である。ゆえに末長く守護し、妄りに説いてはならない」と説かれる。これらの経文は、聞くことのできる人にしか説いてはならない、と言っているのではないか。

今、反論する。常不軽品には「あなた方はみな仏であるから、私は深くあなた方を敬う」と説かれる。また「人々の中には怒りを持つ心のよくない者がいる。その者は、無智の僧めと悪口を言い罵る」「人々は杖、棒、瓦、石で打ちすえた」と説く。勧持品には「多くの無智の者が、悪口を言い罵り、刀や杖で害を与える者がある」と説く。これらの経文によると、無智の人に悪口を言われ、罵りを受け、害を加えられても、と説かれている。これは説く人の過失なのだろうか。

求めて言う。法華経中、譬喩品・法師品・安楽行品の文と、不軽品・勧持品の文は、水と火のような相違がある。どのように心得ればいいのだろうか。

答える。天台大師は法華文句において「時にしたがうのみ」と言い、章安大師は涅槃経疏に「取捨ともに宜しきにしたがって、一方に偏ってはいけない」と言われている。天台・章安二師の解釈の意味は、ある時は謗じられるようならば、しばらく説かず、ある時は謗じられようとも強いて説かなければならない。ある時は一部の人が信じても多数が謗ずならば説いてはならない。ある時は多数の人が謗じても強いて説かなければならないという意味である。

釈尊の初成道、華厳経を説かれた時、法恵・功徳林・金剛幢・金剛蔵・文殊・普賢・弥勒・解脱月などの大菩薩、梵天・帝釈・四天王などの智慧の優れた者が無数にいた。鹿野苑、阿含経を説かれた時には、倶鄰などの五人、迦葉などの二百五十人、舎利弗などの二百五十人、さらに八万の諸天善神がいた。方等部の諸経を説かれた時には、釈尊の父、浄飯王があまりに恋い慕われたので、大王の宮殿において観仏三昧経を説かれた。母、摩耶夫人のためには、忉利天に昇り九十日籠もられて摩耶経を説かれた。ご両親のためにはどのような秘法も惜しまれるはずはない。しかし、法華経は説かれなかった。このように考えれば、仏法は人によって説くのではなく、時がこなければ、決して説かれないということである。

第二章　五箇五百歳の経説

第一節　諸師の料簡　24頁

問う。いつ小乗経、権大乗経を説き、いつ法華経を説くべきなのか。

答える。発心したばかりの十信の位の菩薩から、仏のすぐ手前の位の等覚の菩薩まで、時と機を知ることができない。まして私たちは凡夫である。どうして時と機を知ることができるだろう。

求めて言う。少しも知ることはできないのだろうか。

答える。仏の眼を借りて時と機を考え、またすべてを照らす日光のような仏の智慧を借りて、国土をてらして見るがよい。

問う。仏眼や仏智を借りるとはどういうことか。

答える。仏の経文を通して考えるということである。釈尊は大集経において月蔵菩薩に、未来の時について説かれた。釈尊滅度の後、最初の五百年は解脱堅固。次の五百年は禅定堅固。以上が仏滅後千年、正法である。次の五百年は読誦多聞堅固。次の五百年は多造塔寺堅固。以上が仏滅後二千年、像法である。次の五百年は、仏法の中に闘諍言訟し、白法隠没する。以上が仏法の滅する末法である。

この大集経の五箇の五百年の予言は、仏滅後二千五百年の仏法流布の間において諸僧諸師、様々な見解がある。

中国の道綽禅師は「正・像二千年、四箇の五百年の間には、小乗と大乗ともに盛んである。末法においては仏法は皆滅び、浄土宗の念仏修行をする者のみが生死の苦しみを離れられる」と言った。

日本の法然は「今日本に流布する法華経・華厳経・大日経などの大乗経、諸々の小乗経・天台・真言・律宗などの諸宗は、大集経にしめされる正・像二千年の仏法である。末法においてはこれらの仏法は、滅びるだろう。たとえ修行する者がいても、悟ることはできない。十住毘婆沙論から中国の曇鸞法師は法華経などの諸経をさして「修行しがたい道」といい、道綽は「いまだ一人も成仏していない」といい、善導は「千人に一人も悟れない」といわれている。末法には、浄土三部経・阿弥陀念仏の修行が最高の経法として現れる。これを修行する人は、どんな悪人・愚人であっても「十人は十人、百人は百人、極楽へ往生する」と法然は説く。

ゆえに来世を願う人々は、比叡山・東寺・園城寺・七大寺などの日本中の諸寺・諸山への帰依をやめ、その寺々に寄進していた田畑、村々を念仏堂に渡し、南無阿弥陀仏と唱えなさい。そうすれば極楽往生まちがいなしと勧めたので、日本国は念仏に従い五十年あまりとなる。日蓮はこれらの念仏宗の邪義を、すでに破り終わっている。

第二節　後五百歳広宣流布の仏法 27頁

大集経に説かれる白法隠没の時、第五の五百歳の末法は、現在であることに疑いはない。末法は法華経の肝心である南無妙法蓮華経が広まる時である。世界中に八万の国があり、その国に八万人の王がいる。その王、臣下、民衆すべてが、日本の人々が阿弥陀念仏を唱えるように、法華経が世界中に広まるべきである。

問う。その証拠はどこにあるか。

答える。法華経の第七の巻、薬王品に「我が滅度の後、後の五百歳の中、世界中に広まって絶えることがない」と説かれる。大集経には「白法隠没」と説かれるが、法華経の説法の時には、末法に「広宣流布」と説かれる。同じく第六の巻、分別功徳品には「悪世末法の時に、よくこの経をたもつ者」と説かれる。また第五の巻、安楽行品には「後の末世の法が滅せん時」と。また第四の巻、法師品には「この法華経は釈尊御在世においても、怨み嫉む者が多い。まして釈尊滅後の後はなおさらである」と。また第五の巻、安楽行品には「世の中には怨む者が多いので、信仰することは難しい」と。また第七の巻、薬王品には第五の五百歳、闘諍堅固の時を説き「悪魔・魔民・諸々の天人・龍・夜叉・鳩槃荼などが法華経の行者を惑わす」と。大集経には「仏法の中で言い争いがある」とある。法華経第五の巻、勧持品には「悪世の中の邪な僧」と。また「大寺院の悪僧」とも、「悪鬼が僧の身に入る」とある。

これらの経文の意味は第五の五百歳の時、末法には悪鬼が身に入った大悪僧が、国中に充満する。その末法の時、智人が一人出現する。悪鬼の入っている大悪僧たちは、時の王・大臣・人々をあざむいて、智人の悪口を言い罵り、杖や木で打ち、瓦やつぶてを投げ、流罪死罪に処そうとする。その時釈迦・多寶・十方の諸仏が、地涌の大菩薩に命令し、その大菩薩は梵天王・帝釈天・日天・月天・四天王などに命を下し、天変地異が盛んに起こる。この天変地異の諫めに国主が対応しなければ、隣国の王に命令し、悪僧、悪王のいる国を攻め、前代未聞の大動乱が世界に起こる。

その時に日月が照らす所に住むすべての人々は、あるいは国を大事に思い、または我が身を大事に思ってあらゆる仏・菩薩に祈りを捧げるが、その効験はない。その時に始めて人々は今まで憎んでいた一人の小僧を信じ、多くの大僧、八万の大王、一切の万民は、みな頭を地につけ、手を合わせて南無妙法蓮華経と唱えるだろう。例えば神力品の十神力を現されたとき、その第八番目、十方世界の一切衆生が一人残さず、娑婆世界に向かって大音声を放って南無釈迦牟尼仏、南無釈迦牟尼仏、南無妙法蓮華経、南無妙法蓮華経と一同に唱えたようなものである。

第三節　法華経広宣流布　30頁

問う。末法に法華経が広まることは、経文により確かである。だが天台大師、妙楽大師、伝教大師などの予言はあるのか。

答える。あなたの質問は逆である。先師の解釈を証拠とするときこそ、経論の本文はどうかと疑問をもて。経文が明らかならば、先師の解釈を尋ねる必要はない。先師の解釈に経文と相違があるならば、経文を捨てて解釈に従うべきだろうか。

再度問う。道理はその通りである。しかし凡夫の習いとして、遠い昔に説かれた経文より、最近に説かれた解釈の方が正しいように思われる。解釈が明らかならば、いっそう信仰が増すだろう。

答える。貴殿の疑問はもっともであるから、少し先師の解釈をしめそう。天台大師は「後の五百歳においても、法華経によって利益を得るだろう」と。妙楽大師は「末法の初めにおいても、法華経の利益はある」と。伝教大師は「正法、像法は過ぎ去り、末法がすぐ近くにきている。法華一乗が弘まるべき時は、正しくその時である。安楽行品には末世の法滅の時にとある」と。また「今の時代は像法の終わり、末法の初めである。場所は唐の東、摩羯の西に当たる。人々は五濁にまみれた闘諍のさかんな時である。法華経の法師品に「仏の在世ですら怨み嫉む者が多い。まして滅度の後をや」と。この言葉は真に意味が深い」と説かれた。

そもそも釈尊が世に出られたのは、住劫第九番目の減ずる時で、人の寿命が百歳の時である。百歳と十歳まで寿命が減ずる期間で、重要な時は釈尊在世の五十年、滅後二千年と一万年である。その時に法華経が流布する時が二度ある。釈尊在世は最後の八年間、滅後には末法の初めの五百年である。天台・妙楽・伝教の三師は、釈尊在世の法華の時にあわず、滅後末法の時にも生まれられなかった。中間に生まれたことを嘆かれ、末法の初めを待ちこがれ、先出の書物を書かれたのである。例えば阿私陀仙人は悉達太子がお生まれになるのを見て「私は九十歳である。太子の成道を見ることができない。死後は無色界に生まれ変わるので、五十年の説法の座にも連なることができない。正・像・末の時にも生まれることができない」と嘆かれたようなものである。

今日、求道心のある者はこれらを見、聞いて喜ぶべきである。後世の成仏を願う人は、正像二千年に生まれ大王となるよりも、末法の今の民となり法華経にあえることの方が幸いである。どうして信じずにいられよう。天台宗の座主となるよりも、南無妙法蓮華経と唱える重病人（癩病人）の方が幸せである。梁の武帝は「提婆達多のように無間地獄に落ちても信心を持つことはできるが、成仏できない天上界の欝頭羅弗にはなりたくない」と誓われた。

第四節　正法　解脱堅固　34頁

問う。龍樹、天親などの論師も、末法の法華経流布についての文はあるか。

答える。龍樹や天親は内心には知っていたが、言葉に出しては述べなかった。

問う。どのような理由で述べられなかったのか。

答える。多くの理由がある。第一には、彼らの時代は法華経を説いてもそれを聞くべき人がいなかった。第二には、法華経を説くべき時ではなかった。第三には、迹化の菩薩であったので、滅後の法華経弘通を付嘱されなかったのである。

問う。詳しく聞きたい。

答える。釈尊御入滅の翌日、二月十六日から正法の時代となる。まず迦葉尊者が二十年、仏法を弘められた。次は阿難尊者が二十年。商那和修の二十年。優婆崛多の二十年。最後に提多迦の二十年。以上の百年間は小乗経の弘通のみで、諸大乗経はその名前すらなかった。ゆえに法華経は弘まるはずもなかったのである。次には、弥遮迦・仏陀難提・仏陀蜜多・脇比丘・富那奢など、四、五人。彼らがいた正法の前半、五百余年は、大乗経の法門が少し説かれたが、特に弘められなかった。小乗経を主に説いた時代、大集経で説くところの先の五百年、解脱堅固の時である。

第五節　正法　禅定堅固　35頁

正法の後半六百年から千年の間、馬鳴菩薩・毘羅尊者・龍樹菩薩・提婆菩薩・羅睺尊者・僧佉難提・僧伽耶奢・鳩摩羅駄・闍夜那・盤陀・摩奴羅・鶴勒夜那・師子などの十余人の人々は、初めは外道を学び、次に小乗経を究めた。そして諸大乗の教義をもって小乗経を破折した。これらの人々は、諸大乗経をもって諸小乗経を破ったが、諸大乗と法華経の勝劣は明確に説かなかった。たとえ少しは勝劣について説かれたようでも、本迹の十妙・二乗作仏・久遠実成・已今当の妙・百界千如・一念三千などの肝要の法門は明確に説かれなかった。ただ指で空の月をさすように、書物に少しだけ説かれた。しかし、化道の始終・師弟の遠近・得道の有無については少しも説かれていない。これは正法の後半の五百年、大集経の禅定堅固の時代にあたる。

正法一千年の後、インドには仏法が充満した。しかし小乗経をもって大乗経を破り、または権経をもって実経を隠したため、仏法は様々に乱れた。解脱を得る人は次第に少なくなり、仏法を誤って理解するので、かえって悪道に堕ちる者が多くなった。

第六節　像法　読誦多聞堅固　36頁

正法一千年の後、像法に入って十五年目に、仏法は東に伝わり中国に伝来した。像法の前半の五百年のうち、最初の百余年の間は、中国の儒教の道士とインドの仏法の僧が諍論したため勝劣は定まらなかった。たとえ定まったとしても、仏法を信じる人の心はそれほど深くなかった。仏法を大乗と小乗、権経と実経、顕経と密経などと教義の解説したならば、仏の教えが様々となる。すると疑いが生まれ、かえって外典の方がよいと思う者が出てくるであろう。こうした恐れがあるため、摩騰・竺蘭は自分たちは仏法の勝劣について知っていたが、大小を分けず、権実を言わなかった。

その後、魏・晋・宋・斉・梁の五代の間に、仏法の大小・権実・顕密について争いが起こり、いずれも勝劣が定まらなかったため、上は皇帝、下は民衆にいたるまで、疑問が少なくなかった。仏法は南三北七といい、十流に分かれていた。江南には三時・四時・五時、江北には五時・半満・四宗・五宗・六宗・二宗の大乗・一音など、おのおの義を立てて、自己の義に偏執し、水火のように相容れなかった。しかし、その義の大綱は一つであり「一大聖教の中では、華厳経第一、涅槃経第二、法華経第三というのである。法華経は阿含・般若・浄名・思益などの経々に対すれば真実であり、了義経・正見である。しかし、涅槃経に対すれば、無常経・不了義経・邪見の経である」という。

後漢の仏教伝来より四百余年たち、五百年代になり、陳・隋の二代に智顗と言う一人の僧があった。後に天台智者大師と名乗られた。南北の邪義を破り、一大聖教の中に「法華経第一、涅槃経第二、華厳経第三」と定めた。これは像法の前半の五百年であり、大集経でいう読誦多聞堅固の時にあたる。

第七節　像法　多造塔寺堅固　38頁

　像法の後半の五百年、唐の始め太宗皇帝の時代に、玄奘三蔵がインドに渡り十九年の間、百三十ヶ国の寺塔を回り、多くの論師に会い、八万の聖経・十二部経の奥義を習い究め、その中に玄奘が注目した二つの宗旨があった。法相宗と三論宗である。この二宗の中で法相大乗経は、インドにおいては遠く弥勒・無著菩薩に始まり、近くは玄奘が戒賢論師に学び、唐に帰って太宗皇帝に授けられた。この法相宗は「仏教は機根によって説くべきである。一切衆生悉皆成仏の、三乗方便・一乗真実。これは法華経などである。一切衆生三種差別の、三乗真実・一乗方便。いわゆる深蜜経・勝鬘経などである。天台大師は三乗真実一乗方便を弁えていない」と法相宗は天台大師を批判した。

　太宗皇帝は賢王であり、その名は天下に鳴り響き、古の三皇五帝よりも勝れているとされていた。中国を治め、高昌・高麗など千八百余国を従え、国の内外を究めていた。玄奘はこのような賢王太宗の帰依を受けていた。天台宗の学者は、玄奘に反論する者など一人も無かった。ゆえに法華経の実義は中国においては隠没してしまった。

　また太宗の太子高宗、高宗の継母則天皇后の時代に法蔵法師という者がいた。法相宗が天台宗に襲いかかるのを見て、すでに天台大師に批判された華厳経を出し、一大聖経において華厳第一、法華第二、涅槃第三と主張した。

　太宗より四代目、玄宗皇帝の時代、開元四年と同八年に、インドから善無畏三蔵・金剛智三蔵・不空三蔵が、大日経・金剛頂経・蘇悉地経を持って中国に渡り、真言宗を立てた。真言宗の主張によると「一切経に二つある。一に釈迦の説いた顕教。いわゆる華厳経・法華経などである。二には大日如来の説かれた密教。いわゆる大日経などである。法華経は顕教の第一である。法華経を大日如来の密教と比べると、極理は少し同じであるが、事相の印契と真言は法華経に説かれていない。三密相応していないので、法華経は不了義経である」と。

　このように法相・華厳・真言の三宗は天台法華宗を批判したが、法華宗の中に天台大師ほどの智人はいなかった。法華宗は内心ではいわれのない批判だと承知していたが、天台大師のように公に対論しなかった。そのため上は国王・大臣、下は一切の人々が仏法の正邪に迷い、成仏の道は塞がれてしまった。これは像法の後半の五百年の中、二百余年のことである。

第八節　仏教の日本伝来　41頁

　像法に入って四百余年、百済より一切経と教主釈尊の木像・僧尼などが日本に伝来した。中国は梁の末、陳の始めにあたる。日本は神武天王より三十代目、欽明天王の時代にあたる。欽明天王の御子、用明天王の太子、上宮聖徳太子は仏法を弘通したのみならず、法華経・浄名経・勝鬘経を鎮護国家の法と定められた。その後三十七代、孝徳天王の時代には、三論宗・成実宗が観勒僧正により百済より伝来した。同じ時代、道昭法師が中国より法相宗・倶舎宗を伝えた。第四十四代、元正天王の時代、インドより大日経が日本に伝わったが、弘まらず中国に帰った。日本に大日経を伝えた僧は、善無畏三蔵と伝えられる。第四十五代、聖武天王の時代、新羅国の審祥大徳が、華厳経を良弁僧正、聖武天王に授け、東大寺の大仏を建立させた。同じ時期に唐の鑑真和尚が天台宗と律宗を伝えた。その時、律宗を弘通し、小乗の戒壇を建立させたが、法華経のことはその名前さえ出さず入滅された。

第九節　伝教大師と南都六宗　43頁

その後、像法の八百年の頃、第五十代桓武天王の時代、最澄と言う僧が現れた。後には伝教大師と号せられた。始めは三論・法相・華厳・倶舎・成実・律の六宗と、禅宗などを行表僧正などに学ばれた。そして比叡山に、後に延暦寺と号す、国昌寺を建立した。比叡山においては六宗の経典とその論理、各宗の学者の注釈書を比較研究された。その結果、各宗の学者の解釈、よりどころとする経論に相違が多いだけでなく、間違った解釈も多く、これらを信受する者はみんな悪道に堕ちるだろうと考えられた。

その上、法華経の実義を悟ったかのように、各宗の人々は自讃するが、いずれも間違いであった。このことを指摘すると諍論が起こるであろう。しかし黙っていれば、仏との誓いを破ることになると思い悩み、ついには仏の戒めを恐れ、桓武天王に奏問された。桓武天王は大いに驚かれ、六宗の碩学を召し合わされた。六宗の学者は、初めは高慢なこと山よりも高く、悪心は毒蛇のようであったが、ついには天王の前で最澄に説き伏せられ、六宗七寺一同に最澄の弟子となった。たとえば、中国の南北の僧が陳王の前で天台大師に説き伏せられ、弟子になったがごとくである。伝教大師が説かれたのは、円の三学の円定、円慧のことで、すなわち法華経の禅定と智慧を磨く修行についてのことであった。

その上伝教大師は、天台大師も破折されなかった小乗の別受戒も破折し、梵網経による大乗別受戒を南都六宗の八人の大徳に授けた。また、法華経の円頓戒壇を比叡山に建立した。これは日本第一の戒壇であるのみならず、仏の滅後千八百余年のうち、インド、中国、世界中にかつて無かった大戒壇を、日本において初めて建立したのである。

ゆえに伝教大師の功を論ずるならば、龍樹・天親をこえ、天台・妙楽よりも勝れている聖人である。それゆえ日本国、今の世の東寺・園城寺・七大寺・諸国の八宗・浄土・禅宗・律宗などの諸僧など、誰が伝教大師の円戒を破ってもいいだろうか。中国の諸僧などは、円定・円慧は天台大師の弟子のようだが、円頓一乗の戒場は中国にないので、戒においては弟子となる者はいない。この日本国において、伝教大師の弟子でない者は外道や悪人である。だが、中国・日本の天台宗と真言宗の勝劣は、伝教大師は心の中で知っていたけれど、六宗と天台宗の時のように勝負されなかった。伝教大師の死後、東寺・七寺・園城寺の諸寺、日本全体が真言宗は天台宗よりも勝れていると、上は天王、下は万人が、思うようになった。ゆえに天台法華宗が第一であったのは、伝教大師の時だけであった。伝教大師の時代は像法の末、大集経でいうところの、多造塔寺堅固の時である。いまだ「我が仏法の中で諍論が起こり、白法が滅びる」という末法の時ではない。

第十節　末法　闘諍堅固　46頁

今は末法になって二百余年、大集経の「我が仏法の中で諍論が盛んに起こり経法が滅びる」という時にあたる。仏語がまことならば、必ず世界に戦乱が起こる時である。伝え聞くところ、中国の三百六十国二百六十州はすでに蒙古にうち破られた。都も陥落し、徽宗・欽宗の両帝は、北蕃族に生け捕られ、韃靼にて亡くなられた。徽宗の孫である高宗は、長安を攻め落とされ、田舎の臨安府の行在所に逃げ、数年にわたって都を見ていない。高麗の六百余国、新羅・百済などの諸国もすべて蒙古の皇帝に攻められた。これは今の日本の壱岐・対馬、九州のようである。闘諍堅固の仏語は偽りではなかった。たとえるなら、海の潮の満ち引きが、時間通りに起こるようである。

これをもって考えると、大集経の白法隠没の時の次には、法華経の大白法が日本と全世界に弘まることは疑いない。大集経は仏法の中では権大乗である。法華経との結縁がない者にとって、大集経は悟りを得られる経典ではなく、真の教えではない。しかし、六道・四生・三世については、法華経と大集経に相違はない。法華経は釈尊が「必ず真実を説くべし」と仰せられ、多寶仏は「真実なり」と証明され、十方の諸仏は舌を梵天に届かして真実であると証明された経典である。また釈尊も舌を色界の頂上に届かし「第五の五百歳にすべての仏法が滅びるとき、上行菩薩に妙法蓮華経の五字を託し、、不治の病に苦しむ病人に良薬を与えるように、仏法を謗る悪人に授けよう」と説かれた。梵・帝・日・月・四天・龍神などに仰せつけられた、金言は偽りであろうか。大地がひっくり返っても、高山が崩れ落ちても、春の後に夏がこなくても、日が東に沈んでも、月が落ちてきても、釈尊の言葉は真実である。

第十一節　法華経の行者の受難　48頁

闘諍堅固の時、仏の御使いが南無妙法蓮華経を流布しようとする。その時、日本の王臣と万民は、御使いを、あるいは罵り、悪口をいい、流罪にし、打ち据え、弟子・眷嘱などに種々の難を加える。釈尊の言葉が真実なら、難を加える人々は、どうして安穏でいられようか。難を加える人々は、法華経布教を呪詛と思っているのだろう。法華経を流布する人は、日本の人々の父母である。章安大師は「人のために悪を取り除くのは、その人にとって親切である」と説く。ならば日蓮は当代天王の父母であり、念仏者・禅衆・真言師などの師範であり、主君である。

その日蓮を上は天王から下は万人まで仇を為せば、日月はどうしてその仇を為す人々を照らすだろうか。地神は彼らの足を載せるだろうか。提婆達多が仏を打ったとき、大地は揺れ火炎が吹き出た。檀弥羅王が師子尊者の頭を切ったとき、その右手は刀とともに落ちた。徽宗皇帝は法道の顔に火印をつけ、江南に流罪にしたところ、半年のうちに蒙古にうち破られた。日本に蒙古が攻めてきたのも、これらの例と同じであろう。たとえ五天の兵を集めて、鉄囲山を城としても、蒙古にはかなわない。必ず日本国の一切の人々は、兵難にあう。ゆえに、日蓮が法華経の行者であるかないかを、これをもって試してみるがいい。

教主釈尊は「末代悪世に、法華経を弘通する者を悪口罵詈する人の罪は、釈尊を一劫の間、仇する者よりも百千万億倍も重い」と説かれた。なのに今の日本国の国主・万民は自分勝手な考えで、日蓮を父母の敵よりも憎み、謀反・殺害の者よりも強く責める。この結果、彼らが生きながら大地の裂け目に落ちたり、天雷に打たれたりしないのは不審である。日蓮が法華経の行者ではないからであろうか。もしもそうならば嘆かわしいことである。現世には万人に責められて、片時も心の安まるときがない。後世には悪道に落ちるであろうから、なんと悲惨なことだろう。

しかし、日蓮が法華経の行者でないのなら、誰が法華経の行者といえるだろうか。法然は「法華経を投げ捨てよ」と。善導は「千人に一人も成仏しない」と。道綽は「いまだ一人も悟りを得た者がない」と述べるが、これらの人が法華経の行者なのだろうか。また弘法大師は「法華経を議論することは戯れの論だ」と言うが、彼が法華経の行者か。法華経には「よくこの経を持つ者は」また、「よくこの経を説く」と説かれている。「よく説く」というのは「諸経の中で最もその上にある」と説き、「大日経・華厳経・涅槃経よりも法華経は勝れている」と説く者こそ、経文に述べられるところの法華経の行者である。もし経文のとおりならば、日本に仏法が伝来して七百余年、伝教大師と日蓮のほかは、一人も法華経の行者はいないだろう。どうしてだろうかと考えていたが、「頭が七分に割れる」「口がふさがる」などの罰がないのも道理である。これらは軽い罰である。これらは一人二人が受ける罰である。日蓮は世界第一の法華経の行者である。日蓮を仇する者は、世界一の大難に遭うだろう。つまり日本を揺るがした正嘉の大地震、空一面に広がる文永の大彗星である。これから思い知れ。仏滅後、修行者に仇する事があったが、今のような大難は一度もなかった。南無妙法蓮華経をすべての人々に勧めた人は、一人もいない。この法華経を広める功徳にたいし、世界中に日蓮と目線を合わせ、肩を並べられる人はいるだろうか。

第三章　正像弘通の批判

第一節　正像諸師の弘通　56頁

疑っていう。正法の時は、釈尊在世の時と比べれば機根は劣っているといえども、像・末法に比べれば最上の機根である。どうして正法の時に法華経は弘まらなかったのか。馬鳴・龍樹・提婆・無著は正法の時に生まれた。千部の論師といわれた天親菩薩は、法華論を作り諸経の中で第一であると述べられた。真諦三蔵の相伝によると「インドに法華経を弘通する人は五十余人にて、天親もその一人である」と。以上は正法である。

　像法に入り、天台大師が像法の半ばに出現し、「玄義」「文句」「止観」の三十巻を作り、法華経の奥義を究められた。像法の末には伝教大師が出現し、天台大師の円慧・円定の二法を日本に広めたのみならず、円頓の大戒壇を叡山に建立した。日本全体を円戒の地にし、天王から万民まで、叡山を師範と仰いだ。これら像法の弘通は、法華経の弘通といわないのか。

　答える。仏は必ず、機根に応じて説法するというのは、世間の学者もよく知っていることである。しかし、仏の教えはそうともいえない。上根上智の人のために必ず大法を説くというのなら、初成道の時、なぜ法華経を説かれなかったのか。正法の前半五百余年に、小乗経ではなく、大乗経を弘通すべきだろう。縁の深い人に大法と説くというのなら、浄飯大王・摩耶夫人には観仏三昧経・摩耶経を説いてはならない。無縁の悪人・謗法者に秘法をあたえないのならば、覚徳比丘は破戒の者たちに涅槃経を説かなかっただろう。不軽菩薩は誹謗の人々に法華経を説かれた。ゆえに機根にしたがって法を説かれるというのは、大間違いである。

　問う。龍樹・世親は法華経の実義は述べられなかったのか。

答える。述べられなかった。

問う。どのような教えを述べられたのか。

答える。華厳・方等・般若・大日経などの権大乗・顕密の諸経を述べられて、法華経の法門は述べられなかった。

問う。何によってそれを知るのか。

答える。龍樹菩薩の説かれた論は三十万偈あるという。しかし中国・日本にはすべては伝わっていないので、どのようなものかわからないが、中国に伝わった十住毘婆沙論・中論・大論などをもって、インドの論を推測できる。

　疑って言う。インドに残る論に、渡ってきた論より勝れた論があるのではないか。

答える。龍樹菩薩については自分勝手に

言っているのではない。仏は「我が滅後に龍樹菩薩というものが南インドに出現する。その菩薩の本意は中論という書物にある」と予言する。龍樹菩薩の流れは、インドに七十家ある。七十人はともに大論師である。そして彼らは中論を根本としている。中論四巻二十七品の肝心は「すべては因縁より生じ法にかなっている」の四句の偈である。この四句の偈は、華厳・般若などの四教三諦の法門である。いまだ法華経に説かれる三諦を述べられていない。

疑って言う。貴殿のように考えた人がいたか。

答える。天台は「中論をもって、法華経と比べてはならない」また「天親・龍樹は心の中では法華経について知っていたが、外に対してはその時にかなうように弘めた」と説く。妙楽大師は「諸経の浅深を破折、会合すれば、法華経に及ぶものはない」また従義には「龍樹・天親は天台大師に及ばない」と説く。

第二節　菩提心論と不空の邪見　60頁

問う。唐の末期、不空三蔵が一巻の論を伝来させた。その名を菩提心論という。龍猛菩薩の造られた書である。弘法大師は「この論は龍猛の造った千部の論のうち、第一の肝心の論である」と言う。

答える。この論は一部七丁ある。龍猛の言葉ではないところが多々ある。ゆえに目録にも龍猛作、不空作とも定まっていない。その上この論は、釈尊御一代を総括した論でもなく、杜撰なところも多い。まず「唯、真言の中において」という肝心の文も間違いである。その理由は、文証・現証のある法華経の即身成仏をないがしろにして、文証も現証もない真言の経に即身成仏があるとした。また「唯」という一字が第一の間違いである。ことの次第を考えると、不空三蔵が自分で造った菩提心論を、周囲の人々に重く用いてもらいたいがために、龍猛の名を使ったのだろう。

その上、不空は間違いが多い。不空の作である法華経の観智儀軌に、寿量品の仏を阿弥陀仏というのは、眼前の大間違いである。陀羅尼品を神力品の後に置き、嘱累品を経末に置くのは、いっても意味がないほどの間違いである。そうかと思えば、天台の大乗戒を盗み、代宗皇帝に宣旨を願い受け、五台山の五寺を建立した。また天台宗の五時八教の教相を、真言に用いるという間違いもある。

不空以外の訳ならば、その経典も用いよう。不空の訳した経典・論議は信じられない。インドから中国へ経・論を伝来させた人は、旧訳・新訳を合わせて百八十六人である。羅什三蔵のほかは、間違いのない訳者はいない。その中で不空三蔵は特に誤りが多いのにくわえ、人々を惑わそうとすること明白である。

疑って言う。羅什三蔵以外は間違いであるというのは、何によって知るのか。あなたが禅宗・念仏・真言などの七宗を破るだけでなく、中国・日本のすべての訳者を用いないのはどうしてか。

答える。このことは私の第一の秘事である。詳細に質問しなさい。しかし少しだけ話そう。羅什三蔵は「私が中国のすべての経典を見ると、すべて梵本のとおりに訳していない。どのようにして、このことをみんなに知らせよう。そこで大願を立てた。私は身は不浄であり、妻帯している。舌だけが清らかで、仏法に嘘をついていない。私が死んだら、必ず火葬にしなさい。火葬にしたとき、舌も焼けたなら私の訳した経典を捨てなさい」と、常に高座において宣言した。上一人から下万民は宣言を聞いて「羅什三蔵よりも後に死にたい」といった。そして羅什三蔵が亡くなり、火葬したところ、不浄の身は焼け灰となった。しかし、舌だけは焼けず、火中に生えた青蓮華の上にあった。舌は五色の光を放ち、夜も昼のように照らされ、昼は日輪の光を上回った。ゆえに他のすべての訳は軽く見られ、羅什三蔵の訳した経典、特に法華経は中国にやすやすと弘まった。

疑って言う。羅什以前はそうかもしれない。以後の善無畏・不空などはどうか。

答える。以後であろうと舌が焼ければ、誤りありと知りなさい。それゆえ日本に法相宗が流行したとき、伝教大師は、羅什三蔵の舌は焼けず、玄奘・慈恩の舌は焼けたと責めた。これを聞き桓武天王は道理であると思われて、天台法華宗に帰依された。涅槃経の第三巻・第九巻によると「仏法がインドから他国に伝わる時、多くの間違いが生じ、人々は成仏し難くなる」と説かれている。ゆえに妙楽大師は「誤るも誤らないのも訳者の責任で、仏の御心は変わらない」と述べられている。つまり今の人々が誤った経を頼り、後世を願っても得道はない。これは仏の咎ではないと述べられている。仏教を習うにあたり、大小・権実・顕密はすこしおき、仏の御心が正しく説かれているかが、第一の大事である。

第三節　天台大師の弘通　65頁

疑って言う。正法一千年の論師は、内心には法華経が顕密の諸経より勝れていると知りながら、外には説かず、ただ権大乗を説かれた、ということは少しわかった。像法一千年のなかばに天台大師が現れ、妙法蓮華経の題目の五字を、玄義十巻千枚に書き尽くした。文句十巻には「如是我聞」より「作礼而去」まで、一字一句に因縁・約教・本迹・観心の四つの解釈を一千枚に書き尽くした。以上、玄義・文句の二十巻には一切経の意味を江河とし、法華経を大海にたとえ、十方界の仏法は、露一滴も漏らさず、法華経の大海に注ぐものだと説かれた。その上、インドの大論の諸義のすべて、中国の南北十師の義、破するところは破し、取り入れるところは取り入れた。そして止観十巻を作り、釈尊一代の修行法を一念にまとめ、十界の道理を三千に細分化した。この書の文体は正法一千年のインドの論師を超え、像法前半五百年の中国の訳者の解釈より勝れている。

そこで三論宗の吉蔵大師は、南北百余人の先輩、長者を集め、天台大師の講義を聴こうと天台大師に捧げた招請状には「千年のうちに聖人が出て、五百年のうちに賢人が出るということは実に今日のような時をいうのである。南岳大師の賢明なることと言い、ともに万人に勝れている。南岳・天台の昔を尋ねれば、霊山において観音・薬王の二尊として、身口意の三業を持った。今、二尊は師となり弟子となり妙法を伝えている。この二人は今日、甘露の教えを中国に伝えるのみならず、その名声はインドにまで及んでいる。生まれながらに仏教の奥義を体得され、魏・晋以来、経典の講義を究めたこと他に類を見ない。よって百余人の僧とともに天台大師を請じ奉る」とある。終南山の道宣律師は天台大師を讃歎していうに「法華経の道理に通じていることは、真昼の太陽が深い谷の底まで照らすようで、大乗の奥義を説くことは、風が大空を自由に吹くようである。たとえ智者が千万人いても、天台大師のように講義できるものはいない。その義理は明朗で、月を指さしてもその指にこだわらないように、文字にこだわらずして法華経の奥義に通じている」と言った。華厳宗の法蔵法師は天台大師を讃歎して「慧思禅師や天台大師のような人は、天地の神秘に通じ、その行はすでに菩薩の位にある。昔、霊山において聞かれた法華経の説法を、そのまま伝えている」といった。

真言宗の不空三蔵と含光法師たちが、ともに天台大師に帰伏した話が宋高僧伝にある。「含光法師が不空三蔵とともにインドに行ったところ、一人の僧が『中国には天台の教えがあり、仏法の邪正を分別し、諸経の優劣を判定したそうであるが、それを翻訳しインドに伝えられないだろうか』と質問した。この物語は含光法師が妙楽大師に語られたのである。妙楽大師はこの物語を聞き「インドには仏法が無くなり、かえって四方の国々に求めるのではないか。インドにおいて仏法の奥義を知るものが少ないのは、魯の国の人が孔子を知らないようなものである」と言った。インドにおいて天台三大部三十巻のような大書物があるなら、インドの僧がどうして天台大師の書物をみたいというだろうか。これは像法において法華経の実義が現れ、世界中に広宣流布したのではないか。

答える。正法の一千年、像法の前半四百年、以上仏滅後一千四百余年間に、天台大師はいまだインドの論師が弘めなかった釈尊一代の諸説を超越した円定・円慧を中国に弘通した。のみならず天台大師の名はインドにまで伝わっている。法華経が広く弘まったようではあるが、いまだ円頓の戒壇は立てられなかった。小乗の戒律で円の慧・定とするのは、少し無理がある。たとえば太陽や月が、蝕で欠けているのに似ている。それだけでなく、天台大師の時は読誦多聞堅固であり、法華経の広宣流布の時ではない。

第四節　伝教大師の弘通　69頁

問う。伝教大師は日本国の人である。桓武天王の御代に出世して、欽明天王からの二百余年間の邪義を破り、天台大師の円慧・円定を教え弘めた。のみならず、鑑真和尚の弘めた日本の小乗戒壇、三ヶ所を破り、比叡山に円頓の大乗別受戒壇を建立した。この大事は仏滅後一千八百年間のインド・中国・日本など全世界第一の奇事である。伝教大師は内心の悟りにおいては、龍樹・天台にあるいは劣っている、もしくは同じかもしれない。仏法を統一したことにおいては、龍樹・天親を超え、南岳・天台より勝れている。総じて仏滅後一千八百余年において、天台・伝教大師こそ法華経の行者である。ゆえに伝教大師は法華秀句に、見宝塔品の文を引き『もし須弥山を手に取り、他方の多くの仏国土に投げたとしても、それは難しくない。（中略）しかし仏滅後の悪世において、この経を説くことは難しい』この経文を解釈していう。教理の浅い経は信じやすく、深い経は難しいというのは釈尊の説かれた所である。浅い経を捨て深い経を持つのは立派な心がけである。天台大師は釈迦を信じ、法華経を守り、中国に弘めた。比叡山は天台大師の教えを相承し、法華経を守り日本に弘める」とある。

解釈の意味は、賢劫第九の減、人の寿命が百歳の時より、釈尊在世の五十年、仏滅後の一千八百余年の間に、高さ十六万八千由旬、六百六十二万里の金山を、五尺の小身の人が手に取り、一、二寸の瓦礫を一、二丁投げるかのように、また雀の飛ぶよりも早く鉄囲山の外まで投げる人がいたとしても、末法に法華経を説く人は、投げる人よりもまれだということである。

天台大師・伝教大師だけが、釈尊の説かれたとおり説いた人であり、インドの論師は法華経を説くにいたらなかった。中国も天台大師以前は、或いは過ぎ、或いは足りなかったのであり、慈恩・法蔵・善無畏たちは東を西といい、天を地といった人である。法華秀句の言葉は、伝教大師の自慢の言葉ではない。

去る延暦二十一年正月十九日、高尾山に桓武天王の行幸があり、六宗七大寺の碩学、善議・勝猷・奉基・寵忍・賢玉・安福・勤操・修円・慈誥・玄耀・歳光・道証・光証・観敏などの十余人が最澄法師と宗論したが、あるいは一言に説き伏せられ、二言三言無く、みな頭を垂れ、手を組んで黙ってしまった。三論宗の教義、二蔵・三時・三転法輪、法相宗の三時・五性、華厳宗の四教・五教・根本枝末・六相十玄など、みな大綱を破られた。たとえば大きな家の棟、梁が折れたようである。十大徳の高慢の旗は倒された。

その時、天子は大いに驚かれ、同年同月二十九日に弘世・国道を使いとし、七大寺六宗に天台宗への帰伏の旨を伝えると、みな帰伏状を提出して「心ひそかに天台宗の注釈を見ると、釈尊一代の教を総括し、ことごとく教理を究め通じないところがなく、諸宗に勝れ法華一乗を示す。その説くところは非常に深い。七大寺、六宗の学者がいまだ聞きも見もしなかった。三論宗と法相宗の長年の争いは氷の溶けるように解決し、邪正の明らかなること、雲や霧が晴れ太陽・月・星の光を見るようである。聖徳太子の布教より、今の二百余年の間、講じてきた経論の数は多い。かれこれと教理の優劣を争い、その疑問はいまだ解けていない。しかしこの最妙の円宗である、天台宗は弘まっていなかった。これは今までの人々が、天台宗の教理を聞くまでにいたっていなかったからだろうか。深く考えれば、桓武天王ははるか遠く霊山において如来の付嘱を受け、深く純円の法華経の機根を結んだ。ゆえに日本における法華経流布を興し、六宗の学者は始めて仏教の極理を悟った。この世界の諸霊は今より後、法華経の船に乗り、早く彼岸に渡ることができる。乃至、善議らは幸いにも古き縁により、このよき時代に巡り会い、法華経を聞くことが出来た。深き縁に恵まれたのでないなら、どうしてこの時に巡り会えただろうか」と述べた。

中国の嘉祥たちは、百余人とともに天台大師を聖人と定めた。いま日本の七寺、二百余人は、伝教大師を聖人と呼んだ。仏の滅後二千余年に日本と中国の両国に、二人の聖人が現れた。その上伝教大師は、天台大師も開けなかった、円頓の大戒壇を比叡山に建立した。これはまことに像法における、法華経の広宣流布であろう。

答える。迦葉・阿難などの弘通しなかった大法を、後の五百年に馬鳴・龍樹・提婆・天親などが弘通したことは、前に明らかにした。また龍樹・天親などが残された大法も、天台大師が弘通したことも前に述べた。また天台大師の弘通しなかった円頓の大戒壇を、伝教大師が建立したことも前に述べた。しかしまことに不審なのは、仏の滅後に迦葉・阿難・馬鳴・龍樹・無著・天親など、天台・伝教のいまだ弘通しない最大の深秘である正法は、経文に確かに書いてある。その深法である末法の初め、第五の五百年に法華経の弘宣流布すべきという予言が、はたしてそうか極めて不審である。

第四章　三宗の誤り

第一節　未弘の秘法と三つの災い　80頁

問う。末法に弘まる秘法というのはどのようなことか。まず名を聞いて、次にそのわけを聞きたい。もし末法に正法があるのなら、釈尊は再びこの世に現れるのか。上(浄)行菩薩はまた涌出するのか。急いでこのことについて述べてほしい。かの玄奘は六度も生まれ変わり、ようやくインドに入り、十九年間かけて法華経の一乗は方便教、小乗阿含経は真実教とした。不空三蔵はインドに帰って、寿量品の釈迦牟尼佛を阿弥陀仏だと書いた。これらは西を東といい、日を月というような間違いである。これらの修行で身を苦しめて修行し、心の底から修行しても意味がない。さいわい私達は末法に生まれ、一歩も歩まずに小乗の菩薩のように三祗百劫を修行した人よりも勝れ、頭を虎の餌食になるような冒険をしなくても、無見頂相という仏の相を得る。つまり仏となれるのである。

答える。法華経を末法に説くということは、経文にも説かれているためたやすい。しかしこの法門を説くには三つの大事がある。大海は広いが死骸を留めず、大地は厚くても不孝の者を載せないという。仏法は五逆の者、不孝の者はたすける。しかし正法を誹謗する一闡提と、戒を保つことにより聖者を装う者は許されない。先の三つの大事とは、念仏宗、禅宗、真言宗である。

一として、念仏宗が日本国に充満し、人々に念仏が口遊びのように唱えられている。二に禅宗は三衣一鉢の戒を守り、聖人のように振る舞う大慢の僧が世に充満し、天下を指導しようとしている。三に真言宗は先の二宗に比べることも出来ない邪宗である。比叡山・東寺・七寺・園城寺のまたは官主・御室・長吏・検校となり、真言宗は栄えている。かの内侍所の神鏡は焼けて灰となったが、大日如来の宝印を仏鏡と頼んだ。宝剣は安徳天王とともに西海に沈んだが、真言の五大尊をもって国敵を切らんとしている。劫石がすり減っても、これらの堅い信心は傾くとは思われない。大地がひっくり返っても疑いを持ちそうにない。

かの天台大師が南北の宗派を責められたときも、真言宗は中国に渡っていなかった。伝教大師が六宗を従えたときも、真言宗は漏れた。天台・伝教などの強敵をまぬがれたため、かえって法華経の大法を失った。そして伝教大師の御弟子慈覚大師は、真言宗を取り立てて比叡山の天台宗をかすめ落とし、比叡山を真言化したので、誰が真言宗と敵対しようとするだろうか。このような状況のため、弘法大師の邪義を咎める者はいない。安然和尚は少し弘法大師を責めたが、かえって法華経を大日経以下にしてしまった。それゆえ安然は世間でいう仲人のようになってしまった。

下巻意訳

第二節　浄土宗を破折する

83頁

問う。この三宗の誤りとはなにか。

答える。浄土宗は斉の時代の曇鸞法師という者が始めた。この人は三論宗の学者であったが、龍樹菩薩の十住毘婆沙論を見て難行道・易行道を立てた。唐の時代の道綽禅師は、涅槃経の学者であったが、曇鸞法師が浄土宗を立てたのを見て、涅槃経を捨てて浄土経に移り、聖道・浄土の二門を立てた。また道綽の弟子の善導という僧は、雑行・正行を立てた。末法になり二百余年、日本の後鳥羽院のとき、法然という僧がいた。すべての僧と人々に勧めて「仏法は時と機根を大切にしなければならない。法華経・大日経、天台・真言などの八宗九宗、すなわち釈尊一代の、大小乗、顕密教、権実経などの経典・宗派は上根上智、正像二千年の機根の者のためのものである。末法になると、いかに功徳を積み、修行をしても利益はない。そのうえ他の修行とともに弥陀念仏をしたとしても、極楽往生できない。これは私が勝手にいっているのではない。龍樹菩薩・曇鸞法師は「難行道」といい、道綽は「いまだ一人も得道したものはいない」といい、善導は「千に一人もいない」といった」

これは他宗の者は不審に思うだろう。しかし末法に恵心僧都をこえる、天台・真言の智者はいるだろうか。恵心僧都は往生要集に「顕密の教法は末法の私のようなものには生死の苦を離れる道ではない」と書かれた。また三論宗の永観の書物、往生拾因などを見よ。それによると法華経・真言などを捨てて一向に念仏すれば、「十即十生百即百生」と浄土諸師は勧めた。叡山・東寺・園城寺・七寺などは、初めは諍論したようだが、往生要集の序の詞が道理のようにみえたので、顕真座主が法然の弟子になってしまった。また法然の弟子にならなかった人々も、弥陀念仏だけがほかの諸仏と異なり、口ずさまれ心を寄せられるようになったので、日本国中が法然の弟子のようにみえる。

この五十年のあいだ、一天四海、一人残らず法然の弟子となり、法然の弟子となった者は、日本国一人残らず謗法の者となってしまった。たとえるなら千人の子が、みんなで一人の親を殺せば、千人はみんな五逆の者である。一人が阿鼻地獄に落ちるならば、残りの者が落ちないということはない。結局、法然は流罪を怨んで悪霊となり、自分や弟子たちを流罪とした国主・山寺の僧たちの身に入り込み、あるいは謀反を起こさせ、あるいは悪事をなし、みな関東の鎌倉幕府に滅ぼされた。わずかに残っている比叡山・東寺の僧は、人々に侮られること、猿の人真似のように笑われ、辺境未開の人が子供にもさげすまれるようである。

第三節　禅宗を破折する　86頁

禅宗は比叡山などの衰微につけ込み、戒律を堅く守る聖人のふりをして、人々を惑わし、尊げに振る舞うことから、どのような間違った法門を宣伝しても、誰も間違いに気づかない。禅宗は、経外別伝といって、釈尊の一切経のほかに、釈尊が迦葉だけにひそかに伝えたと主張する。ゆえに禅宗を知らずに一切経を学ぶ人は、犬が雷を噛もうとするようであり。猿が水に映る月をすくおうとするようだという。このようなわけで、禅宗は不孝のために親に捨てられたり、無礼のため主君に勘当されたり、年若い法師の学問を怠ける者、正気を失った遊女のような者の、性分にあった邪法である。日本国中のこのような者たちが禅宗に帰依し、表面だけ戒律を保ち、国の人々を食らう蝗虫になった。そのため天は眼を怒らせ天変を起こし、地神は身を震わせて地異を起こす。

第四節　真言宗を破折する　87頁

真言宗は先の浄土・禅宗をこえる大邪見の宗旨である。今その大体を解き明かそう。唐の玄宗皇帝の時代、善無畏三蔵・金剛智三蔵・不空三蔵が、大日経・金剛頂経・蘇悉地経をインドから伝えた。この三経の説くところの論理は、小乗経の二乗を卑しみ、菩薩を讃える会二破二の一乗という、第三時方等部に嘱し、他の教との相違を述べるならば、印と真言だけである。これは華厳・般若経の三一相対にも及ばない。法華経以前の別・円経ほどでもなく、ただ蔵・通経ほどでしかない。

それを善無畏三蔵は、この三経をありのままに説いたならば、華厳・法相宗にあざけられ、天台宗に笑われるだろう。大事にインドより持ってきたが、世に出せば不本意になると考えた。そこに天台宗に一行禅師というひねくれ者がいて、この僧に中国の経理を尋ねた。一行禅師は三論・法相・華厳宗について大体述べただけでなく、天台宗の教義の立て方も述べたところ、善無畏三蔵は、天台宗はインドで聞いたよりも勝れていると思った。真言宗は天台宗の上位に立てそうもないので、善無畏三蔵は一行禅師をだまして「貴僧は中国において勝れた僧であり、天台宗はすばらしい。いま真言宗が天台宗の上に立てるのは印と真言だけである」と言った。これを聞いた一行禅師はそうなのかと思った。そこで善無畏三蔵は「天台大師が法華経の注釈書を作ったように、大日経の注釈書を作り真言宗を弘めたい。あなたは書いてくれるか」と言うと一行禅師は「簡単なことです。しかしどのように書こうか。天台宗は憎い宗である。諸宗はおのおの自宗のために争うが、どうしても適わないことがある。法華経の開経である無量義経に「四十余年未顕真実」という文があり、法華経以前の法門を塞いでしまう。法華経の法師品・神力品の文により、以後の諸経の法門も塞いでしまう。また法華経と同じ時期に説かれた経も法師品の「今説く」という文をもちい責める大日経は法華経以前、同時、以後のいずれであると書こうか」と尋ねると、善無畏三蔵が大いにたくらんで「大日経の住心品は、無量義経が四十余年の諸経をうち払うような品である。大日経の入曼陀羅以下の諸品は、中国においては法華経・大日経と二つに分かれてしまったが、インドにおいては一つのような経であった。釈迦仏は大日経の印と真言を除き、理ばかりの法華経を説いた。羅什三蔵はこれを見た。大日如来は、法華経を大日経として、金剛薩埵に説いた。これが大日経なのである。私はこれを現にインドで見たのである。だから貴僧が書くべきなのは、大日経と法華経を、水と乳を混ぜたように、一つのもののように書きなさい。ゆえに大日経は法華経でいう、已今当と同時であるとしなさい。事相の印と真言を、心法の一念三千で飾り、身口意の三密の秘法としなさい。真言宗は三密が相応一致する秘法であり、天台宗の主張するところは、意密の一つだけである。真言宗は勝れた将軍が、鎧を着、弓を携え、大刀を腰に差すようである。天台宗は勝れた将軍が裸でいるようである」このように言うと、一行禅師はその通りに書いた。

中国の三百六十ヶ国は、この謀を知らなかったので、顕密の勝劣ばかりを問題にしていたが、そのときは善無畏三蔵は皇帝の信任を得ていたときであり、天台宗は軽く見られていた。また天台大師ほどの智者もいなかったので、日々に真言宗の影響を受けていた。こうして真言宗は人々を惑わし、問題の根本は深く隠れてしまった。

第五節　伝教大師の真言宗観　91頁

日本の伝教大師は、中国に渡り天台宗を日本に伝えるついでに、真言宗を習い伝えた。天台宗を日本の天王に授けるとともに、真言宗を六宗の大徳に習わせた。しかし六宗と天台宗の勝劣は、唐に渡る以前に決定していた。唐より帰られてからは、円頓の戒壇建立が問題となり争論しているうちに、敵が多くなり戒壇建立は成就しがたいと思われたからか、真言宗については、末法の行者に任せられたのか、ともかく真言宗については天王にも論ぜられず、弟子などにも詳しく説かれなかった。ただし依憑集という一巻の秘本がある。そこに中国・朝鮮の七宗の人が天台宗に帰伏したことが書いてあるが、その序文に真言宗の誤りが一筆書いてある。

第六節　弘法大師の邪義　92頁

弘法大師は伝教大師とともに、延暦二十三年（八〇三）に渡り、青龍寺の慧果阿闍梨について、真言宗を学び相伝した。日本に帰ってから、仏法の勝劣を判断するのに、第一真言、第二華厳、第三法華と書かれた。弘法大師は世間の人々に非常に重んぜられる人である。ただし仏法については、申し上げにくいが、とんでもなく粗雑なこともある。中国において真言宗の事相である印・真言だけを学び、その意味について詳しく探ることもなかった。日本に帰り世間を見渡すと、天台宗ばかりが上位にあり、真言宗を弘められそうになかった。それゆえ以前に学んだ華厳宗を取り出し、法華経より勝れていると主張した。その上それまでの華厳宗が主張したように言えば、人々は信じないだろうと考え、少し主張を変えて、華厳第二、法華第三は大日経、龍猛菩薩の菩提心論、善無畏三蔵の実義であると大妄語をひろめた。このとき天台宗の人々に、強く咎める者がなかった。

問う。弘法大師の十住心論・秘蔵宝鑰、二教論によると「真言密教以前の諸経はおのおの仏乗を名乗るが、真言から見れば戯論である」また「釈尊を大日法身に比べれば、無明の域であり、明の分位ではない」また「法華経は第四熟蘇味」と言い、さらに「中国の僧は争って大日経の醍醐味を盗んで、おのおの自宗のものといった」と述べた。これらの解釈はどうか。

答える。私はこの解釈に驚き、一切経と大日経を開いてみた。すると華厳経、大日経に比べると、法華経は戯論であり、六波羅蜜経に比べると盗人、守護経に比べると無明の変域という経文は、一字一句もない。これらの邪義は取るに足らないことであるが、この三、四百年のうちに日本国の智者が用いたので、理由があるのかと思ってしまっている。そこで分かり易い誤りをあげ、その主張が取るに足らないということを教えよう。

法華経を醍醐味と称したのは陳・隋の時代、六世紀後半、天台大師である。六波羅蜜経は唐の時代の半ば、八世紀後半に般若三蔵が伝えた。六波羅蜜経が陳・隋の時代に伝わったのなら、天台大師が真言の醍醐を盗んだといいるだろう。ほかにも例がある。日本の得一がいうに「天台大師が解深蜜経による三時を誤りと言うが、三寸の舌をもって五尺の身を誤るものだ」と罵ったのを、伝教大師が正して「深蜜経は唐のはじめ、玄奘が伝えた。天台大師は陳・隋の人であり、大師の御入滅後、数年をおいて深蜜経が伝わった。滅後に伝わった経を、どのようにして破折できるだろうか」と責められると、得一は言葉に詰まるだけでなく、舌が八つにさけて死んでしまった。

弘法大師が言う「醍醐味を盗んだ」ということは、得一以上の悪口である。華厳の法蔵、三論の嘉祥、法相の玄奘、天台大師を含む、南北の諸師、後漢以後の三蔵・人師すべてと盗人と言ったことになる。法華経を醍醐味と言ったのは天台大師が自分勝手に言ったのではない。釈尊は涅槃経に法華経は醍醐であると説き、天親菩薩は法華経と涅槃経を醍醐と説く。龍樹菩薩は法華経を妙薬と名付けた。法華経を醍醐とするものが盗人であるなら、釈迦・多寶・十方の諸仏、龍樹・天親などを盗人というのか。弘法大師の弟子たち、日本の真言師よ、どんなに自分の目の黒白がつたなくて、正邪がわからなくても、仏説や他の人師の言葉を鏡として、自らの罪を知れ。

このほか、法華経を戯論ということについては、大日経・金剛頂経などの確かな経文を出してみろ。たとえ戯論と書いてある経文があるとしても、訳者の間違えもあるだろう。よくよく考えなければならない。孔子は一言いうのに九回は考える。周公旦は沐浴に髪を三回にぎり、食物を三回も吐いたそうである。外書のこの世の浅いことしか学ばない人々も、智人はこれほど考える。どうして弘法大師は、これらの浅ましいことをしたのだろうか。このような間違いを受け継いだ、伝法院の本願と名乗る真義真言宗の祖、聖覚房は舎利講式において「最も尊いのは大日如来である。大日如来に比べるとロバにあたる釈迦如来は、車を引くにも足りない。秘奥の教えは両部曼陀羅であり、顕教の四法は、その履き物取りにも成らない」と言う。顕教の四法とは法相・三論・華厳・法華の四宗である。ロバの三身とは法華・華厳・般若・深蜜経の教主釈迦如来である。真言師たちによると、これらの仏、それを敬う僧は、大日如来、弘法大師の牛飼いであり、靴取りだというのである。

第七節　三宗の邪義を破折する　98頁

インドの大慢婆羅門は生まれながら博学であり、顕教、密教に通じていただけでなく、仏教と外道の教えにも通じていた。それゆえ大王、大臣は頭を下げ、万民は師範と仰いでいた。その大慢婆羅門は慢心のあまり、世間で尊崇されている、大自在天・婆籔天・那羅延天・大覚世尊の四人を、自分の座る高座の足にし、その上で法門を説いた。今の真言師が釈尊をはじめとする諸仏を集め、灌頂をするときに地に敷くようである。禅宗の法師が「禅宗は仏の頂を踏む大法である」というようである。このようなときに賢愛論師という小僧が現れた。大慢婆羅門を正すように言ったが、王臣・万民はこれを聞かず、あげく大婆羅門の弟子、旦那などに言いつけ、多量の妄語をもって悪口打擲した。しかし賢愛論師は、命も惜しまず追求したので、王は賢愛を憎み大慢婆羅門と法論させることにした。しかし大慢婆羅門は、返り討ちにあい、大王は深く悔悟し、天を仰ぎ地に伏して「朕は目前でことの次第を見たので邪見を改めた。しかし先王はこの者にだまされて、阿鼻地獄に堕ちているだろう」と言い、賢愛論師の足にすがり涙を流した。賢愛論師のお計らいにより、大慢婆羅門をインド中に引き回したところ、いよいよ悪心が盛んとなり、生きながらにして無間地獄に堕ちた。今の真言宗と禅宗は大婆羅門とかわりがない。

中国の三階禅師は「教主釈尊の法華経は、第一第、二階、正・像の時代の教えである。末代には私の作った普経が最高の教えである。法華経を今の時代に行ずる者は、大阿鼻地獄に堕ちる。末法の根機に相応しくないからである」といった。そして日に六度の礼懺、四回の座禅、生身仏のように振る舞うので、多くの人が尊敬し、弟子が万余人いた。しかし幼き少女の法華経信者に責められると、その場で声を失い、あとに大蛇となって、多くの信者、弟子、少女、処女を飲み食った。現在の善導・法然などがいう「千中無一」の悪義もこれにあたる。これら念仏・禅・真言などの三宗の悪事は、すでに長く行われているため、軽々しく言うことではないが、言わなければ信じる者が出てくるであろう。しかしこの三宗よりも、百千万億倍も信じがたい悪事がある。

第五章　慈覚大師を破折する

第一節　真言勝法華の邪義　106頁

慈覚大師は、伝教大師の第三の御弟子である。しかし上は天王より下は万民まで、慈覚大師は伝教大師よりも勝れていると思われている。慈覚大師は真言宗と法華宗の奥義を究められた人だが、真言のほうが法華より勝れていると書いている。それゆえ叡山の三千人の大衆、日本国中の学者など、すべての人が帰伏してしまった。弘法大師の弟子たちは、大師の書いた法華経は華厳経よりも劣るということについて、少し書きすぎではないかと思っていたが、慈覚大師の解釈をもって、真言が法華より勝れていることに自信を持った。日本において真言宗が法華経より勝れていると主張することについて、比叡山こそが反対すべきであったのに、慈覚大師が三千人の口を塞いだので、真言宗の思うがままになってしまった。ゆえに東寺にとって一番の味方は慈覚大師なのである。

たとえば浄土宗・禅宗が全国に弘まるには、比叡山の許しがなければ、無辺劫たっても叶わなかった。なのに安然和尚という比叡山一の古徳が、教時諍論という書物に、九宗の勝劣を立てた。それによると「第一真言宗・第二禅宗・第三天台法華宗・第四華厳宗」などとある。この大間違いの解釈により、禅宗が日本に充満し、国が滅びようとしている。法然の念仏宗がひろまり、国が失われる因縁は、恵心の往生要集の序による。獅子の身の中の虫が獅子を食らうという釈尊のお言葉はこのことである。

第二節　伝教大師と慈覚大師　107頁

伝教大師は中国に渡る前に、十五年間、天台・真言を一人で学ばれた。生まれながら智慧が勝れていたため、特に師匠を持たなかったが、世間の人々の疑いを晴らすため、中国に渡り天台・真言を学び、日本に伝えた。そのとき、中国にはいろいろな教義があったが、法華経が真言より勝れていると思われたため、真言宗の宗の文字を削り、天台法華宗の止観・真言などといわれていた。毎年、年分得度者を二人だし、十二年間、後継者を教育し、止観院において法華経・金光明経・仁王経の三部を鎮護国家の三部と定めた。天王の宣旨を頂き、日本建国以来の重宝、神璽・宝剣・内侍所の三種の神器と先の三部をなぞって崇めさせた。比叡山第一の座主義真和尚、第二の円澄大師まではこの義に相違なかった。

第三の座主慈覚大師は中国、唐に渡り十年間、顕密二道を八人の師に習われた。また天台宗の人々、広修・維蠲などに習われたが、心の中では「真言が法華経より勝れている。我が師、伝教大師はこのことについて詳しく習われなかった。中国に長く逗留することもなかったから、真言については簡単に学ばれたのだろう」と思った。慈覚大師は日本に帰ってから、叡山の東塔止観院の西に惣持院という講堂を建て、御本尊は金剛界の大日如来とした。その御前において大日経の善無畏三蔵の疏に基づき、金剛頂経の疏七巻・蘇悉地経の疏七巻、合計十四巻を作る。この疏の肝心の解釈として「経に二種あり。一の顕示教は、三乗教である。この教えは俗諦と真諦、事と理の円合一体を説かない。二には秘密教。一乗教である。円合一体である。秘密教の中にも二種類ある。一には理秘密教。華厳・般若・維摩・法華・涅槃経などである。これらの経では真諦と俗諦、事と理の一体不二は説くが、まだ真言と密印との実践の行である事相を説かない。二には事理倶密経といって、大日経・金剛頂経・蘇悉地経などの真言三部経をいう。これらの経は真俗二諦、事と理の一体不二を説くだけでなく、真言密印の事相を説く」とある。この解釈の意味は、法華経と真言三部経の勝劣を定めるに、法華経と真言三部経の理は、一念三千と同じである。しかし密印と真言の事法は、法華経に欠けている。法華経は理の秘密、真言は事理の秘密であるので、天地雲泥の差があるというのである。

しかもこのように書いたのは慈覚大師の考えだけではなく、善無畏三蔵の考えであるとは思いながら、なお天台・真言二宗の勝劣を不審に思ったのだろう。また他人のか不審をはらそうと思ったのか、慈覚大師の伝によると「大師は二経の疏を作り、なお心に思われたのは、この疏は仏意に叶うかどうかである。もし仏意に叶わないのなら、世には出さない。そうして仏像の前に疏を安置し、七日七晩、祈請を勤修した。五日目の明け方に見た夢は、正午に日輪を仰ぎ見、弓で射たところ、その矢が日輪にあたり日輪が転動した。夢が覚めて慈覚大師は、疏が深く仏意に叶っていると悟り、世に出された。」とある。

　慈覚大師は日本においては、伝教・弘法の両家を習い究め、外国においては、八大徳と南天の宝月三蔵などに、十年のあいだ秘法を習った。そのうえ、二経の疏を作り、重ねて本尊に祈請したところ、智慧の矢が中道にある日輪にあたり転動した。歓喜した慈覚大師は仁明天王に宣旨を頂き、天台座主を真言の官主とし、真言を鎮護国家の三部とした。それより現在に至る四百余年のあいだ、碩学は稲や麻のように多く、信者は竹や葦のように多い。それゆえ桓武・伝教のときに建立された寺院は、すべて真言の寺となり、公家も武家も真言師を師匠とし、僧となり寺に入った。そして木絵開眼供養の仏事は、八宗一同に大日如来の印・真言をもちいるようになった。

第三節　慈覚大師の邪義　112頁

　疑っていう。法華経は真言より勝れているという人は、この慈覚大師の解釈を、用いるべきだろうか。または捨てるべきだろうか。

　答える。仏が定められた、滅度における正邪の判定によると、涅槃経に「法によりて人によらざれ」とある。龍樹菩薩は「経典によるのが正論で、よらないのは邪論である」という。天台大師は「経典に合うものはもちい、文も義も合わないものは、信じては成らない」という。また伝教大師は「仏説を依りどころとし、口伝を信じてはならない」と述べられる。これら経・論・釈がいいたいのは、夢によってはならないということである。ただ法華経と大日経の勝劣を、明白に説いた文証が大切なのである。

　印・真言なしでは、木絵の開眼をしてはならないということも、まことにおかしいことである。真言の伝わっていないときは、木絵の開眼はなかったのだろうか。インド・中国・日本において、真言宗以前の木絵は、歩いたり、説法したり、奇跡を起こしたりした。印・真言による供養が始まってから、利益はなくなってしまった。これは日常に話していることである。慈覚大師の二経の解釈の誤りについて、日蓮は明白な証拠をほかより引く必要はない。慈覚大師の解釈を信じることにより、誤りが明白になる。

　問う。どのように信じればいいのか。

　答える。慈覚大師は夢から、真言が法華経より勝れていると知ったという。これは慈覚大師が勝れていると思いこんでいたからである。この夢が吉夢ならば、慈覚大師が言うように、真言が勝れている。ただし日輪を弓で射るというのは吉夢だろうか。内典五千七百余巻、外典三千巻の中に、日輪を弓で射るのが吉夢であるという証拠が、あるなら聞きたい。まずこちらから、証拠を少し出そう。阿闍世王は天から月が堕ちる夢を見たので、耆婆大臣に聞くと「仏の入滅である」と答えた。須抜多羅が天より太陽が落ちる夢を見たので、自分で占ったところ「仏の入滅である」と出た。修羅は帝釈天との戦のとき、まず日月を射る。夏の桀王・殷の紂王という悪王は、常に日を射たため、身を滅ぼした。摩耶夫人は日を孕む夢を見て悉達太子をお産みになった。ゆえに仏の子供のときの名を日種という。日本国という名の由来は、天照太神が日天であるためである。ゆえに慈覚大師の夢は、天照太神

・伝教大師・釈迦仏・法華経を射るという意味で、その矢は二経の解釈書にあたる。日蓮は愚かな者であるため、経論を詳しく知らない。しかしこの夢によって、法華経より真言が勝れているという人は、この世では国を滅ぼし、家を失い、後の世には阿鼻地獄に入るであろう。

第四節　真言亡国の現証　116頁

今真言亡国の現証がある。日本国と蒙古国の合戦に、すべての真言師が調伏を行い、日本が勝つならば、真言が勝れていると思える。ただし承久の乱の際、真言師が調伏を行ったが、調伏された北条義時が勝ち、後鳥羽院は隠岐の島に、御子は佐渡の島などに流され、調伏したほうが敗北した。結局は狐が鳴いたため殺されるように「還って本人につく」という法華経の文の通りになった。叡山の三千人は鎌倉に攻められ、一同に降伏した。なのに鎌倉幕府は、またしても真言師に調伏を頼む。（日本を失うために祈るのだろうか。これをよく理解する者は、一閻浮第一の智人といるだろう。よく心得ていなければならない。）

今は鎌倉幕府が盛んであるため、東寺・天台の叡山・園城寺・奈良の七寺の真言師らと、おのれを忘れている法華宗の謗法の人々は、関東に落ち下って、頭を下げ膝を屈めて、武士に取り入り、諸寺・諸山の別当になる。また長吏となり、王位を失わさせる悪法を取り出し、国土安穏を祈る。将軍家より付き従う侍たちは、真言により国土安穏になるだろうと思っているが、法華経を失う禍の根源である真言の僧をもちいるのだから、国は必ず亡びるであろう。

第六章　末法流布と導師

第一節　法華経流布と吉凶二瑞　126頁

亡国の悲しさ、亡身の嘆かしさを思い身命を捨てて、謗法のことを書きあらわす。国主が国の安泰を思うなら、疑問を持ち、その理由を日蓮に尋ねるべきなのに、ただ諸宗の讒言を信じ、さまざまな迫害を加える。そして法華経の守護である梵天・帝釈・日月・四天・地神などは、昔からの謗法を不都合だと思っていたが、謗法を知り責め顕す人がいなかったため、一人っ子の悪事のように見逃すか、少し罰したときもあった。今謗法をもちいることを不都合に思い、諫める人が現れたが、かえって害を加え、それが、一日二日、一月二月、一年二年ではなく数年に及んだ。日蓮が受けた迫害は、杖木の難にあった不軽菩薩よりも勝れ、殺害された覚徳比丘をこえている。この間、梵・釈の二王、日月・四天・衆星・地神などがようやく怒り、たびたび諫めたが、いよいよ迫害が増したため、天のお計らいとして、隣国の聖人に仰せつけてこれを戒め、大鬼神を国に入れて心を誑かし、自界反逆させた。吉凶の兆しが大きければ、難が多いことが道理であり、仏滅後二千二百三十余年のあいだ、現れたことのない大長星、いまだない大地震が起こった。中国・日本に智慧が勝れ、才能ある聖人はたくさんいたが、いまだ日蓮ほど法華経を信仰し、国中に強敵が多くいる者はない。まず眼前の事実をもって、日蓮が閻浮第一の者と知るべきである。

仏法が日本に渡って七百余年、一切経は五千七千、宗は八宗十宗、智人は稲麻のようであり、弘通は竹葦にている。しかし仏は阿弥陀仏、諸仏の名で阿弥陀仏ほど弘まっている仏はない。この阿弥陀仏を弘めた、恵心僧都は往生要集を作る。日本の三分の一は一同に弥陀念仏者。永観は十因と往生講の式を作った。日本の三分の二が念仏者となった。そして法然が選択集を作り、本朝はすべて念仏者となった。ゆえに今の弥陀の名を唱える人は一人の弟子ではない。この念仏というのは双観経・観経・阿弥陀経の題名である。権大乗の題目が広宣流布したのだから、実大乗の題目が流布するのが順序ではないだろうか。心ある人はこれを考えよ。権経が流布したあとは実経が流布するべきである。権経の題目が流布したなら、実経の題目が流布すべきである。欽明天王より当代にいたるまで七百余年、南無妙法蓮華経と唱え、人に勧める智人は、いまだ聞かず、いまだ見ず。日が出れば星は隠れる。賢王が出れば愚王は亡びる。実経が流布すれば権経は止まり、智人が南無妙法蓮華経と唱えれば、愚人は随うこと、影と身と、声と響きのようなものである。日蓮が日本第一の法華経の行者であることは疑いない。これによって考えよ。中国・インドにも、一閻浮提の中にも肩を並べる者はない。

第二節　災難の由来と上行菩薩　129頁

問う。正嘉の大地震、文永の大彗星はどうして起こったのか。

答える。天台大師は「智人は起を知り、蛇は自ずから蛇を知る」と言う。

問う。どういう意味か。

答える。浄（上）行菩薩が大地より出現されたとき、弥勒菩薩・文殊師利菩薩・観世音菩薩・薬王菩薩などの四十一品の無明を断じた人々も、元品の無明を断じていないので愚人といわれた。寿量品の南無妙法蓮華経を末法に流布するために、上行菩薩が現れたことを、弥勒菩薩たちは知らなかったためである。

問う。日本・中国・インドの中にこのことを知っている人はいるか。

答える。見惑思惑の煩悩を断尽し、四十一品の無明を断尽した大菩薩もこのことを知らない。少しの惑も断じていない者がこのことを知るわけがない。

問う。智人がいないのならばこの災難に、どのようにして対したらいいのか。たとえば病の原因を知らない人が、病人を治そうとしても、かえって死なせてしまう。この禍の根源を知らない人々が祈りをすると、この国が亡びることは疑いのない。まことに嘆かわしいことである。

答える。蛇は七日のうちに雨が降るのを知り、カラスは一年中の吉凶を知る。これは蛇が大龍の家来であるためか、カラスが久しく学んだゆえか。日蓮は凡夫である。災難の原因を完全に知ることはできないが、あらましをあなたに伝えよう。中国の周の平王のとき、頭髪を乱し裸の者が現れた。辛有という者が占うと「百年のうちに周は亡びる」と出た。同じく幽王のとき、山河が崩れ、地震が起こった。白陽という者が考えるに「十二年のうちに大王は難に遭うだろう」と。今の大地震・大彗星は、国主が日蓮を憎み、亡国の原因である禅宗・念仏宗・真言師を味方とするため、天が怒りそのために起こる災難である。

問う。なにを根拠に信じればいいのか。

答える。最勝王経には「悪人を愛し、善人を罰するため、星宿、風雨が不順となる」と。この経文の通りなら、この国に悪人がいて、王臣が帰依していることは疑いがない。またこの国の智人を国主が憎み、あだをなしていることも疑いがない。また「三十三天が怒り、怪しい流星が落ち、二つの太陽が現れ、他国より怨賊が現れ、国人が悲惨な目に遭う」とある。すでにこの日本国には天変があり、地夭が起こっている。他国よりも攻められている。三十三天のお怒りであることは疑いがない。仁王経には「多くの悪比丘が、名誉や利益のために、国王・太子・王子の前において、仏法を破り国を滅ぼす邪法を説く。その王は正邪をわきまえずに信じてしまう」とある。また「太陽と月が光を失い、寒暑の時節がくるい、また赤い太陽が出たり、黒い太陽が出たり、

二、三、四、五個の太陽が出たり。また太陽が欠けて光をなくしたり、太陽が一重、二、三、四、五重に現れる」とある。この経の意味は、悪比丘が国に充満し、国王・太子・王子を誑かし、破仏法、破国の邪法を説くならば、その国の王などは、悪比丘に誑かされたために、その法こそが持仏法・持国の法であると思う。その法の通りに行うことにより、日月に変あり、台風・大雨・大火が起こり、次には内賊という親類からの反乱が起こる。その結果味方となる者がいなくなり、その後他国に攻められ、あるいは自殺し、あるいは生け捕りにされ、あるいは軍門に下ることになる。このように仏法を滅ぼしたため、国が亡びるのである。

守護経には「釈迦牟尼佛の説かれる教法は、すべての天魔・外道・悪人・五通の神仙でも、少しも破壊することができない。しかし僧のふりをした悪比丘が、ことごとく仏法を滅ぼす。たとえば須弥山を三千世界の草木を薪にして、外から燃やそうとしても髪の毛一筋ほども燃えないが、世界破滅の時が来て、劫火が須弥山の内側から燃え出る時には、瞬く間に灰になるように」とある。蓮華面経には「お釈迦さまが阿難尊者に告げられた。たとえば獅子が死ぬと、空・地・水・陸などの生き物は獅子の肉を食べない。ただ獅子の体の中からの虫だけがその肉を食べる。阿難よ我が仏法は外から壊されるのではなく、我が教団の中の悪比丘が、釈尊が三大阿僧祇劫という長い間、修行し苦しんで纏め上げた、仏法を破る」とある。

経文の意味は、過去七仏の一人迦葉仏が、釈迦如来の仏法が末法において、どのような者によって失われるかを、訖哩枳王に語られた。大族王は全インドの寺院を焼き払い、十六大国の僧尼を殺した。中国の武宗皇帝は九国の寺院、四千六百余所を滅ぼし、僧尼二十六万五百人を還俗させた。しかし、これら二人の悪人は、釈尊の仏法を失わせる者ではない。三衣を身にまとい、一鉢を首に掛け、八万の法蔵を胸に浮かべ、十二部経を諳んずる僧侶が、釈尊の仏法を失う。たとえば須弥山は黄金の山である。全世界の草木を薪として、人界から四天・六欲という天界にいたるまで積み上げ、一年二年百千万億年のあいだ焼いても、少しも損なわない。しかし、世界滅亡の壊劫のとき、劫火が須弥山の麓で豆のような大きさの火でつき、その火は須弥山を焼くだけではなく、三千世界すべてを焼き失う。

もし仏記の通りならば、十宗・八宗などの僧侶が、仏教を須弥山のように焼き払う。小乗の倶舎・成実・律などの僧の、大乗を嫉む胸のうちは、瞋恚の炎がある。真言の善無畏等・禅宗の三階等・浄土宗の善導等は、仏教にとって、獅子身中の虫である。伝教大師は三論・法相・華厳等の日本の碩学たちを六虫と書かれた。日蓮は真言・禅宗・浄土の祖師を三虫と名付ける。また天台宗の慈覚・安然・恵心などは法華経・伝教大師の獅子身中の三虫である。これら大謗法の根源を正そうとしている日蓮に仇なせば、天神は惜しみ、地祇は怒って、大きな災夭が起こる。ゆえに心得よ。一閻浮提第一の大事を日蓮がいうから、さまざまな瑞相が起こっているのである。

哀れであり嘆かわしいことである。日本国の人々すべてが無間地獄に堕ちることを。喜ばしく楽しいことである。不肖の身でありながら、法華経を弘めることにより、心田に仏の種を植えられたのである。今に見ているがよい。大蒙古国の数万艘の兵船を浮かべて日本を攻めれば、上一人より下万民にいたるまで、一切の仏事・一切の神事を投げ捨てて、おのおの声をそろえて南無妙法蓮華経、南無妙法蓮華経と唱え、手を合わせて「日蓮御房よ助けてください、日蓮御房」と叫ぶことになるだろう。

ちょうどインドの大族王が戦いに破れ、幼日王に手を合わせて助けを求め、日本の平盛時は、梶原影時に慈悲を求め敬う。大慢の者は、敵に随うという理である。軽毀大慢の比丘は、はじめは杖木を持ち不軽菩薩を打ったが、その後、罪を悔いて手を合わせた。提婆達多は釈尊の御身に血を出させたが、臨終のときには南無といった。南無仏とまでいえば地獄に堕ちなかったが、業が深かったため南無だけで、仏とはいなかった。今、日本の僧侶も南無日蓮と言いたいが、南無とだけしか言えないだろう。不憫である。

第三節　三度の高名　138頁

外典にいう。萌しのないうちに、知るのを聖人という。内典には、三世を知るのを聖人という。日蓮には、三度の高名がある。

一には、文応元年（一二六〇）七月十六日に立正安国論を最明寺殿に奏した。そのとき、宿屋の入道に向かって「禅宗と浄土宗を禁止せよと伝えてほしい。このことを用いないならば、身内から反乱が起こて、他国にも攻められる」と申し上げた。

二には文永八年（一二七一）九月十二日の夕刻、平左衛門尉頼綱に「日蓮は日本国の棟梁である。我れを失うと言うことは、日本の柱を倒すことになる。直ちに自界反逆難により同士討ちとなり、他国侵逼難により日本国の人々は、他国の者に打ち殺されるのみならず、多くの人が生け捕りになるだろう。建長寺・寿福寺・極楽寺・大仏・長楽寺などの一切の念仏者・禅僧などの寺塔を焼き払い、由比ヶ浜で彼らの首を切れ。でないと日本は亡びる」と申し伝えた。

三には去年すなわち文永十一年（一二七四）の四月八日、左衛門尉に「日本に生まれたからは身は国法に随おう。しかし心は随うことはできない。念仏無間・禅天魔は疑いがない。特に真言宗は、大いなる禍である。大蒙古を調伏することを、真言宗にいってはならない。もしこの大事を真言宗に頼むのならば、日本は亡ぶだろう」と言うと、頼綱は「いつ頃蒙古は攻めてくるか」と質問してきた。「経文には書かれていないが、天の御景色を見ると、大変なお怒りのようだから、急のように思われる。おそらく今年をこえることはない」と答えた。

この三つの大事は、日蓮がいったのではない。ただ釈尊の御魂が、私の身に入られたからであろう。我が身ながらも喜ばしいことである。法華経の一念三千という大事な法門はこのことである。法華経の「所謂諸法如是相」とは、十如是の始めであり、第一の大事な法門である。これを説くために、釈尊は世に出たのである。「智人は物事も始まりを見ることができ、蛇でなければ蛇を知ることがない」と言う妙楽大師の言葉はこれである。多くの流が集まり大海となる。一微塵が積もって須弥山となる。日蓮が法華経を信じ始めたときは、一滴の水、一微塵のようであった。法華経を二人・三人・十人・百千億人と唱え伝えれば、明覚を得た須弥山のようになり、大涅槃の悟りを得た大海ともなる。仏となる道は、法華経のほかに求めてはいけない。

第四節　第二の高名　141頁

問う。第二の文永八年九月十二日の御勘気のとき、日蓮を損すれば自他の戦が起こると、なぜ知ることができたのか。

答える。大集経に「もし多くの国王・大臣がさまざまな非法を行い、釈尊の声聞・弟子を悩ませ、罵り、刀杖で切打し、衣鉢などを奪い、また布施供養するのを妨害すれば、諸天善神はその国を直ちに他国より攻めさせる。その国自身にも内乱を起こさせ、飢疫・飢饉・非時の風雨を起こし、その他種々の争いを起こさせ、人々を互いに罵りあわせる。そして王の身を滅ぼし、国を滅亡させる」とある。

諸経に、似たような経文は多いが、この大集経は日蓮の身にあたり、末法において特に尊く思われるので、ここに選び出した。この経文の我等とは、梵王・帝釈・第六天の魔王・日月天・四天王、全世界の天龍などである。これらの主だった者は、仏前に詣でて「仏の滅後、正・像・末法の時、正法を行ずる者を、邪法の比丘などが国王に訴えたとする。王に近い者、王に心を寄せる者、王の尊敬する者の言葉であるからと、理不尽に是非を弁えず、正法を行ずる智人を侮辱するならば、正法に目覚めさせるため、戦乱を起こし、他国に攻めさせる。国主は失せ、その国は亡びる」と説かれている。痛し痒しとはこのことである。日蓮の身には今生にはこれといった罪はない。ただ国を助けるため、生まれた国の恩を果たすために幕府に諫言したゆえ、用いてもらえないのは本意ではない。そのうえ召し出され、懐中の法華経の第五を取り出し、それでさんざん打ち据えられ、鎌倉の町々を引き回された。その時、日月天は法華経の会座にありながら、日蓮が大難に遭うのに、身代わりにならなかった。「日蓮が法華経の行者でないためにならば、ただちに考えを改めよう。しかし日蓮が法華経の行者ならば、直ちに国に験しを現してください。もし験しを現さないなら、いまに日月天などは、釈迦・多寶・十方の諸仏をたぶらかす大妄語の者である。提婆の虚誑罪、倶伽利の大妄語よりも百千万億倍も越える、大妄語の天人である」と申し上げると、たちまち自界叛逆難が起こった。国が大変乱れたので、我が身はいうかいもない凡夫ではあるが、法華経を持っているため、当世では日本第一の大人といえるのである。

第五節　法華経の行者と門下激励　145頁

問う。慢煩悩は、七慢・九慢・八慢ある。あなたの大慢は仏教でいうところの大慢に、百千万倍億も越えている。徳光論師は弥勒菩薩を礼しなかった。大慢婆羅門は四聖を座とした。大天は凡夫でありながら阿羅漢を名乗った。無垢論師はインド第一の者といった。これらはみんな阿鼻地獄に堕ちた。無間地獄の罪人である。あなたはなぜ一閻浮第一の智人と名乗るのか。大地獄に堕ちるのではないか。おそろし、おそろし。

答える。あなたは七慢・九慢・八慢などの意味を知っているのか。釈尊は三界第一を名乗ったため、一切の外道は「ただちに天に罰せられ、大地が割れ堕ちるだろう」といった。日本国の七寺三百余人は「最澄は大天が生き返ったか、鉄腹の生まれ変わりか」といった。しかし天は罰しなかったうえ、かえって左右から守護した。地は割れるどころか金剛のように堅かった。伝教大師は叡山を建て、一切衆生の眼目となった。結局、七大寺は最澄の弟子となり、諸国の人々は檀那となった。ゆえに勝れていることを勝れているというのは、慢に似ているが大功徳となるのである。伝教大師は「天台法華宗が他宗に勝れているのは、拠り所にしている経のためである。自讃毀他ではない」といった。法華経の第七には「たくさんの山の中で須弥山が第一である。この法華経もそのように、諸経の中で最もその上にある」とある。この経文は已説の、華厳・般若・大日経など、今説の無量義経、当説の涅槃経の五千巻七千巻の経典、インド・龍宮・四王天・忉利天・日月にある一切経より勝れている。十方世界のあらゆる諸経は、法華経に比べれば、土山・黒山・小鉄囲山・大鉄囲山のようなものである。日本国に伝わる法華経は須弥山にあたる。また「よくこの経を持たん者もまたかくのごとし。すべての人人の中で第一である」とある。

この経文をもとに考えると、華厳経を持つ普賢菩薩・解脱月菩薩など、龍樹菩薩・馬鳴菩薩・法蔵菩薩・清涼国師・則天皇后・審祥大徳・良弁僧正・聖武天王。深蜜・般若経を持つ勝義生菩薩・須菩提尊者・嘉祥大師・玄奘三蔵・太宗・高宗・観勒・道昭・孝徳天王。真言宗の大日経を持つ金剛薩埵・龍猛菩薩・龍智菩薩・印生王・善無畏三蔵・金剛智三蔵・不空三蔵・玄宗・代宗・慧果・弘法大師・慈覚大師。涅槃経を持つ迦葉童子菩薩・五十二類・曇無讖三蔵・光宅寺法雲・南三北七の十師などよりも、末代悪世の凡夫で、一戒も持たず一闡提のように人に思われていても、経文のとおり已今当に勝れている法華経の他に仏になる道はないと信じる人は、一分の解がなくとも、前出の大聖よりも百千億倍、勝れているという経文である。

前出の人々の中には、法華経へ導くために、他の経を勧めた人もいる。他経に執着し、法華経に入らない人もいる。または他の経に拘りすぎ、法華経は劣っているという人もいる。ゆえに法華経の行者は心得なければならない。「たとえば、すべての河川の水よりも海の水が第一である。法華経を持つ者も第一である」また「たくさん星の中で月が第一である。法華経を持つ者も第一である」と心得なさい。現在の日本の智人などはたくさんの星のようであり、日蓮は満月のようである。

問う。過去にこのように述べた人はいるのか。

答える。伝教大師は「まず知るべきである。他宗の拠り所としている経典は、第一ではない。天台法華宗が拠り所にしている経典が第一であるのだから、法華経を持つ人々も第一である。これは経典を拠り所としている。自讃ではない」と述べる。麒麟の尾につくダニは、一日に千里も飛ぶという。転輪聖王に仕える部下は、瞬時に世界中を回ることができる。これを非難したり、疑ったりすべきだろうか。「自讃ではない」ということを肝に銘ずるべきではないか。ゆえに法華経の経文のとおりに持つ人は、梵王に勝れ、帝釈天を超えている。修羅を従えていれば須弥山を担うこともできる。龍を使役すれば大海を干すこともできる。伝教大師は「法華経を讃めれば、功徳を須弥山のように積むことができ、謗れば無間地獄に堕ちる」と言った。法華経には「法華経を読誦し書写・受持する者を見て、軽賤し憎嫉し結恨を懐く。その人は死んでから阿鼻地獄に堕ちる」とある。教主釈尊の金言が確かならば、多寶仏の証明が確かならば、十方の諸仏の舌相が確かならば、日本国のすべての人々が無間地獄に堕ちることは疑いない。

法華経の八の巻に「もし後の世にこの経を受持し読誦する者は、所願虚しからず、また現世において福報を得ん」とある。また「法華経を供養し讃歎する者は、今世において現の果報を得る」とある。この二つの経文の「亦於現世得其福報」の八字「当於今世得現果報」の八字、あわせて十六字の経文が嘘であり、日蓮に今世において大果報がなければ、如来の金言は提婆の虚言と同じであり、多寶の証明は倶伽利の妄語に異ならない。すべての人々は無間地獄に堕ちることなく、三世の諸仏も存在しないことになる。それゆえに我が弟子たち、まずは試みに法華経の説くように、身命を惜しまず修行して、仏法が真実か否かを確かめよ。南無妙法蓮華経、南無妙法蓮華経。

第七章　不惜身命の折伏弘通　156頁

そもそも法華経の勧持品の経文に「我身命を惜しまず、ただ無上道を惜しむ」とある。涅槃経には「たとえば言葉巧みな王の使いは、他国において命を失おうとも、王の言葉を隠さず、命を果たそうとする。智者もまた凡夫の中において、身命を惜しまず、必ず如来の秘蔵である、大乗方等経の、一切衆生悉有仏性と宣説しなければならない」とある。どのような理由があって、身命を捨ててまで弘通しなければならないのか。くわしく承りたい。

答える。私が若い頃の考えでは、伝教・弘法・慈覚・智証などのように、勅宣などを得て中国に渡ることが「我不愛身命」かと思われた。玄奘三蔵などが中国からインドに渡り、六度も命がけの目に遭うようなことだろうか。雪山童子が半偈のために身を投げ、薬王菩薩が七万二千年間、肘を焼いて供養したことなどが当たるだろうか。いろいろ考えたが経文の真意は、これらには当てはまらないようである。

経文の「我不愛身命」の前文には、三類の強敵をあげ、強敵が罵り、責め、刀杖におよび身命を奪うとある。また涅槃経には「寧喪身命」などと説かれているのは、そのあとに続く経文「一闡提がいて、羅漢の姿となり、方等経典を誹謗する。多くの人々がそれを見て、真の羅漢であり、大菩薩であると思う」とある。法華経には第三の強敵、僣聖増上慢について「あるいは山寺に住み、袈裟をつけ、世間の雑事より離れ、(中略)世間の人々からは六通を得た羅漢のように思われる」と説かれている。また般泥洹経には「羅漢の振りをした一闡提が、悪行を行う」とある。これらの経文は、悪王・悪臣よりも、外道・魔王よりも・破戒の僧侶よりも、持戒有智の大僧の中に大謗法の人がいるという意味である。そして妙楽大師は「第三の僣聖増上慢が一番悪い。第一、第二よりも後の第三がより聖者を装っているゆえ、悪行が人々に解らないからである」とある。法華経の第五の巻には「法華経は諸仏如来の秘密の蔵である。諸経の中で一番上にある」この経文に「最在其上」の四字がある。ゆえにこの経文のとおりならば「法華経が諸経の頂点にある」というのが、法華経の行者ではないだろうか。ところが今、国に尊重される人があり、その人々には王臣の帰依がある。法華経の行者の信者は貧しいため、法論となっても法華経の行者は卑しまれ、信用されない。その時、不軽菩薩のように、賢愛論師のように、強く言えばますます身命に及ぶような目に遭うだろう。これが第一の大事といえるだろう。このことは今に日蓮に当てはまっているだろう。私のような卑しい分際で、弘法大師・慈覚大師・善無畏三蔵・金剛智三蔵・不空三蔵などを「法華経の強敵であり、経文のとおりならば無間地獄に堕ちる」と言うのは容易ではない。しかし法華経には裸で火の中にはいる、須弥山を投げる、大石を背負って大海をわたるのは簡単である。日本国などにおいて、法華経を広めるのは難しく大事であると説かれている。

霊山浄土の教主釈尊・宝浄世界の多寶仏・十方分身の諸仏・地涌千界の菩薩等・梵天王・帝釈天・日月天・四天王等、冥に加し顕に助けて下さらなければ、日蓮は一時一日も安穏であっただろうか。

おわりに

京都日蓮宗青年会は、平成十四年に結成四十周年を迎えます。この機会に際し、先師の行跡を習い、『撰時抄ノート』発行を決定しましたのは、平成十二年のことでした。

『撰時抄ノート』編集にあたり、青年会では月一回の行学活動に拝読の時間を設け、会員一同拝読を進め、重要もしくは難解な語句を調べ発表するところから始めました。語句を調べる際、様々な辞書を用い、また先師の書物を開いたのですが、自らの浅学非才を思い知りました。

すでに発行されている『撰時抄』に関する書物などを紐解きますと、語句、人物、出来事、諸経の出典など、緻密に詳細に掲載されています。また理解を促すための講義なども、読者のためを思い丁寧に掲載されているのです。

そのような書物を読み進めるにつれ、あえて『撰時抄ノート』を発行する意味があるのか、編集にあたりどこまでの資料を掲載するのか、という疑問に襲われました。時には「拝読、書き込みのしやすさのみに重点をおき、本文だけの掲載で良いのはないか」、という思いにも駆られました。

しかし『撰時抄』本文の、

「夫れ仏法を学せん法は、必ず先ず時をならうべし」

とのお言葉に励まされ、初心の僧侶である私たち青年会に与えられた貴重な縁であるととらえ、出来うる限りの編集を重ねました。

この『撰時抄ノート』はあくまでノートであります。みなさまの書き込みをもって、このノートは完成いたします。この『撰時抄ノート』が皆様の修学の一助となれば幸いです。

『撰時抄ノート』出版に当たり、監修ならびに解題を執筆して頂いた関戸堯海先生、また東方出版社長の今東成人氏、吉川陽久上人に御協力いただきましたことを、厚く御礼申し上げます。

平成十五年五月吉日

京都日蓮宗青年会　会員一同　　合掌

参考文献

立正大学日蓮教学研究所編　『昭和定本日蓮聖人遺文』　身延山久遠寺
米田淳雄編　『平成新修日蓮聖人遺文集』　連紹寺不軽庵
久保田正文著　『法華経新講』　大法輪閣
三木随法編　『平成訓読　法華三部経』　東方出版
三木随法編　『真訓対照　法華三部経』　東方出版
中村元・早島鏡正・紀野一義訳註　『浄土三部経』（上・下）　岩波文庫
渡辺宝陽・小松邦彰編　『日蓮聖人全集』第一巻　春秋社
鹽（塩）田義遜著　『日蓮聖人御遺文講義』第四巻　龍吟社
小林一郎『日蓮聖人遺文大講座』第四巻　日新出版
『SENJI-SHO　撰時抄』　日蓮宗海外布教後援会
日蓮宗事典刊行委員会編　『日蓮宗事典』　日蓮宗宗務院
立正大学日蓮教学研究所編　『日蓮聖人遺文辞典』歴史編　身延山久遠寺
宮崎英修編　『日蓮辞典』　東京堂出版
中村元著　『佛教語大辞典』縮刷版　東京書籍
中村元・福永光司・田村芳郎・今野達編　『岩波仏教辞典』　岩波書店
伊豆有法　『新纂佛教図鑑　完』　佛教珍籍刊行会・佛教図書刊行会
少年社　『禅の本』『日蓮の本』『浄土の本』『釈迦の本』『真言密教の本』　学習研究社

監修者紹介

関戸堯海（せきどぎょうかい）

昭和33年（1985）　東京都大田区に生まれる。立正大学仏教学部宗学科卒業、同大学院修士課程修了、博士課程単位取得。立正大学仏教学部専任講師をへて、平成14年3月迄、身延山大学仏教学部助教授。文学博士。

著書に『日蓮聖人遺文涅槃経引用集』（山喜房佛書林）『日蓮聖人教学の基礎的研究』（山喜房佛書林）『立正安國論入門』（山喜房佛書林）『日蓮聖人全集』第二巻共著（春秋社）等。

京都日蓮宗青年会
会員リスト（年令順）

辻本哲史（安穏寺）
鈴木英文（三宝寺）
杉山佳裕（善立院）
北村寿宏（直行寺）
三木天道（教法院）
児玉真人（本昌寺）
浅野泰徳（妙堯寺）
鳥居恵祥（本福寺）
角道泰昭（本立院）
末吉淳周（久本院）
福澤正俊（十如寺）
國本智真（妙法寺）
鶏内泰寛（法性寺）
上田尚史（護国寺）
大岩照直（圓成寺）
川口智徳（瑞光寺）
藤井淳至（十乗院）

撰時抄ノート編集事務局
〒606-8376　京都市左京区大菊町九十六　本立院内　角道泰昭宛
TEL〇七五－七七一－二七二六

京都日蓮宗青年会結成四十周年記念出版

撰時抄ノート

発行日　平成十五年五月二十二日　第一刷発行
監修者　関戸堯海
編著者　京都日蓮宗青年会
発行者　今東成人
発行所　東方出版㈱
〒五四三－〇〇五二
大阪市天王寺区大道一－八－十五
Tel〇六－六七七九－九五七一
Fax〇六－六七七九－九五七三
イラスト　藤井淳至　模写　角道由佳子
印刷製本　亜細亜印刷㈱

ISBN4-88591-845-6 C1015